Klasse!

A2.1

Deutsch für Jugendliche
Übungsbuch mit Audios

Sarah Fleer

Ute Koithan

Bettina Schwieger

Tanja Sieber

Alles Digitale zu diesem Buch kann auf der Lernplattform **allango** von Ernst Klett Sprachen abgerufen werden. So geht's:

QR-Code scannen oder **www.allango.net** aufrufen

Buchtitel oder ISBN in der Suche eingeben und auf das Buchcover klicken

Zum Inhalt navigieren, direkt abrufen oder speichern

Ernst Klett Sprachen
Stuttgart

Autoren: Sarah Fleer, Ute Koithan, Bettina Schwieger, Tanja Sieber
Redaktion: Felice Lembeck
Projektleitung: Angela Kilimann
Layoutkonzeption und Gestaltung: Andrea Pfeifer, München
Illustrationen: Andrea Naumann, Aachen
Satz: Sandro Münsch, Fotosatz Amann, Memmingen
Umschlaggestaltung: Studio Schübel, München
Titelbild und Auftragsfotos: Dieter Mayr, München

Online-Übungen
Autorin: Maja Rettig

Audios
Aufnahme und Postproduktion: Plan 1
Regie: Plan 1, Felice Lembeck und Angela Kilimann

Informationen und zu diesem Titel passende Produkte finden Sie auf: www.klett-sprachen.de/klasse

1. Auflage   8 | 2025

Druck und Bindung: DRUCKEREI PLENK GmbH & Co. KG, Berchtesgaden

ISBN 978-3-12-607135-2

Willkommen im Übungsbuch zu Klasse!

Inhalt

Symbole im Übungsbuch

 Du hörst ein Audio.

 Du hörst ein Audio und übst die Aussprache.

 Du schreibst einen Text.

 DSD I Dies ist eine Aufgabe wie in der DSD-Prüfung.

 Du arbeitest mit einem Partner / einer Partnerin.

 Ihr arbeitet zu dritt.

 online 1 Du findest online interaktive Übungen.

Dein Übungsbuch

6 Kapitel

Zu jeder Aufgabe im Kursbuch passt eine Übung im Übungsbuch.

Online findest du noch mehr interaktive Übungen.

Diese Übung bereitet dich auf die DSD-Prüfung vor.

Fett gedruckte Wörter sind wichtig für die Prüfung.

b Sieh dir die Situationen auf der Klassenfahrt an. Was war da los? Schreib zu jeder Situation Sätze in dein Heft. Die Ausdrücke helfen.

+ am Automaten Getränke kaufen + kaputt sein + zu dritt im Zimmer schlafen + nur zwei Betten im Zimmer sein + Feuer machen + Lehrer haben es verboten + auf den Berg wandern + müde sein +

A Ida, Ella, Lena – B Max, Joscha – C Daniel, Sara – D die Jugendlichen

A Ida, Ella und Lena wollten zu dritt im Zimmer schlafen, aber sie konnten nicht. Im Zimmer waren …

DSD I c Schulausflug – Lies den Text und die Aufgaben (1–5). Kreuze bei jeder Aufgabe an: richtig oder falsch?

An unserer Schule gibt es zweimal im Jahr einen Schulausflug. Der erste Ausflug findet im Herbst oder kurz vor Weihnachten statt und der zweite kurz vor den Sommerferien. Jede Klasse hat ein anderes Ziel. Beliebte Ziele sind der Freizeitpark Ruhpolding, die Kletterinsel Fürstenfeld, Moonlight Minigolf und viele andere. Die Schülerinnen und Schüler aus der 8. Klasse machen immer normalerweise immer einen Ausflug an den Schliersee. Sie fahren mit der Bahn und nehmen ihre Fahrräder mit. Sie fahren dann mit dem Rad einmal um den See. Das sind ca. 10 km. „Das ist gar nicht so weit. Und es macht total viel Spaß. Außerdem müssen wir nicht in der Schule sitzen", erzählt eine Schülerin aus der Klasse 8b. Sie hat den Ausflug mit ihrer Klasse letztes Jahr schon gemacht. Die Klassen besuchen bei diesem Ausflug auch das Markus-Wasmeier-Museum in Fischhausen. Dort können die Schülerinnen und Schüler sehen, wie die Menschen vor 100 bis 300 Jahren gelebt haben. Das ist für alle immer sehr interessant. Außerdem können sie nach dem Besuch im Museum im See schwimmen, Eis essen und Boote ausleihen.

Die Schulausflüge beginnen meistens um 8 Uhr. Spätestens zwischen 17 und 18 Uhr sind die Schülerinnen und Schüler dann wieder zurück an der Schule.

Markiere in den Aufgaben wichtige Wörter. Lies dann den Text ganz genau. Tipp!

	richtig	falsch
1. Die Schüler und Schülerinnen fahren jedes Jahr zweimal mit der Klasse weg.	☐	☐
2. Von der Schule bis zum Schliersee sind es 10 km.	☐	☐
3. Die Schüler und Schülerinnen fahren mit den Fahrrädern zu einem Museum.	☐	☐
4. Das Museum ist schon 100 Jahre alt.	☐	☐
5. Die Schüler und Schülerinnen haben auch Zeit zum Schwimmen.	☐	☐

44 vierundvierzig

8 a Chaos auf der Postkarte. Lies die Sätze und sortiere sie in die richtige Reihenfolge.

A ___ Aber es war auch toll, weil das Wetter super war!
B ___ Morgen gehen wir in ein Museum.
C ___ Die war so anstrengend!
D ___ Heute haben wir eine Wanderung in den Bergen gemacht.
E ___ Bis bald, Lucia
F _1_ Hallo,
G ___ viele Grüße aus Lugano.
H ___ 25 Grad und Sonne!

b Schreib eine Karte von deinem letzten Ausflug. Du kannst die Sätze aus 8a mit deinen Informationen ergänzen oder eine eigene Postkarte schreiben.

DSD I c Arbeitet zu zweit. Stellt euch die Fragen und antwortet. Jede/r spricht 4–5min.

1. Erzähle von einem Ausflug mit deiner Familie.
2. Was machst du normalerweise am Wochenende? Berichte.
3. Welchen Ort möchtest du einmal besuchen? Warum?
4. Mit wem machst du gern etwas in der Freizeit? Warum?

In der Prüfung stellt der Prüfer dir 2–4 Fragen. Tipp!

9 a Sag mal … Satzakzent in Sätzen mit mehreren Informationen – Hör die Sätze. Welche Wörter sind betont? Markiere wie im Beispiel.

1. Wir fahren mit unserer Klasse am Samstag in die Berge.
2. Die Klasse plant eine Party am Ende von der Reise.
3. Die Lehrerin kauft mit zwei Schülern in der Stadt für die Feier ein.
4. Die Mädchen aus Zimmer „Drei" proben ein Lied für die Party.

b Hör noch einmal und sprich nach. Achte auf die Betonung der Wörter im Satz.

10 Lernen – üben – spielen. Würfel dreimal. 1x für A, 1x für B, 1x für C. Bilde Sätze wie im Beispiel, sprich sie laut und mit Betonung.

	A	B	C
1	Wir gehen	am Sonntag	ins Kino in die Stadt.
2	Unsere Lehrer fahren	in den Ferien	in den Park neben der Schule.
3	Meine Klasse fährt	am Wochenende	zum Freizeitpark nach Köln.
4	Rita und Julia reisen	morgen	zu meiner Oma nach Österreich.
5	Meine Freunde gehen	im Frühling	in ein Sommercamp ans Meer.
6	Unser Nachbar reist	um 09:00 Uhr	zum Camping nach Griechenland.

Meine Klasse fährt in den Ferien in ein Sommercamp ans Meer.

Perfekt Was passt? Wähle das passende Verb aus und lies die Sätze laut.

1. Endlich da! Nach vier Stunden im Bus sind wir in der Jugendherberge weggefahren/angekommen/zurückgegangen.
2. Gestern haben wir die Stadt zugesehen/ausgesehen/angesehen.
3. Oh … ich wollte doch eine Karte schreiben! Das habe ich fast verstanden/vergessen/verboten.

fünfundvierzig 45

Du kannst eine Übung auswählen.

Für diese Aufgabe brauchst du einen Partner.

Ab Kapitel 3 kannst du hier die Perfektformen üben.

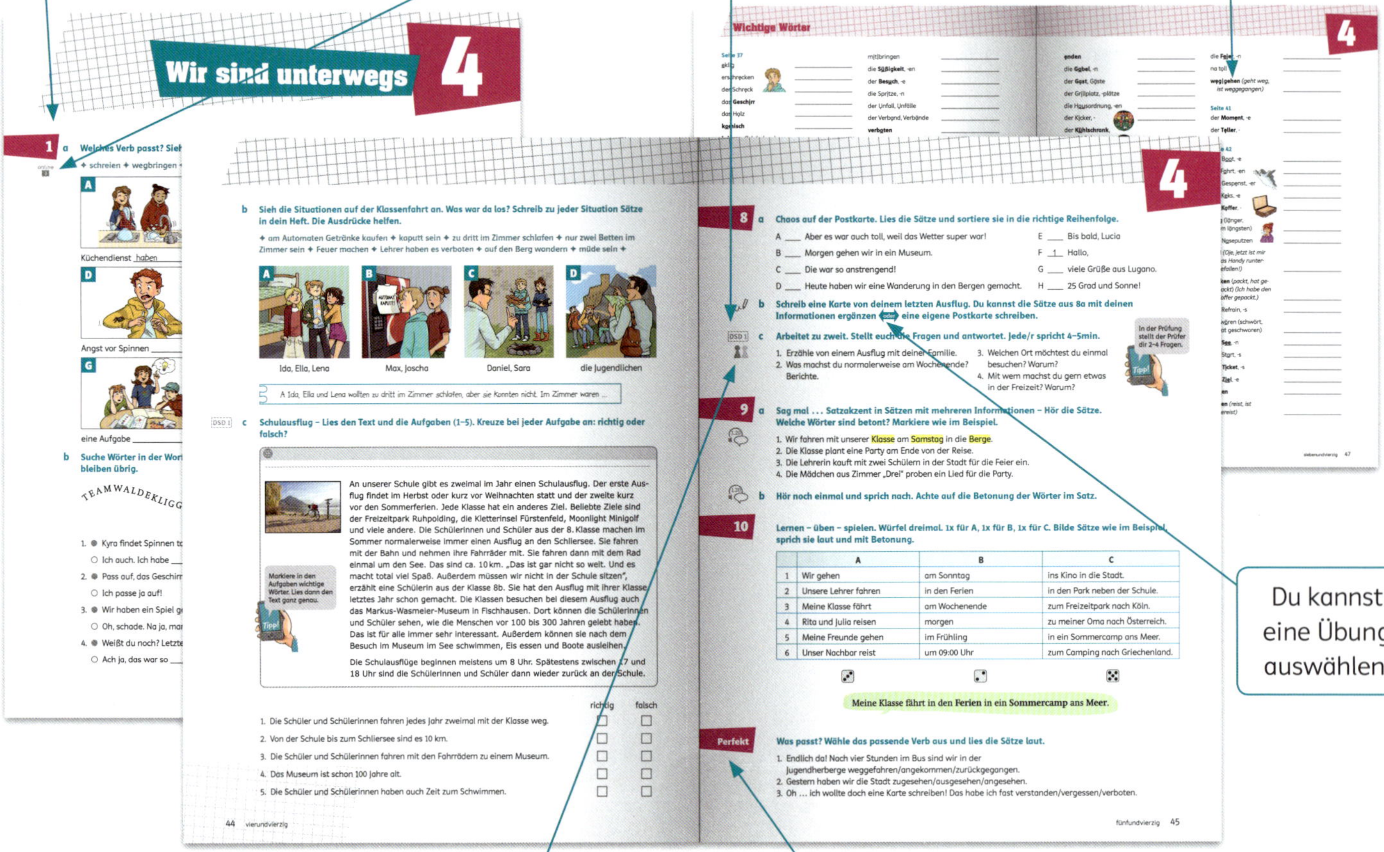

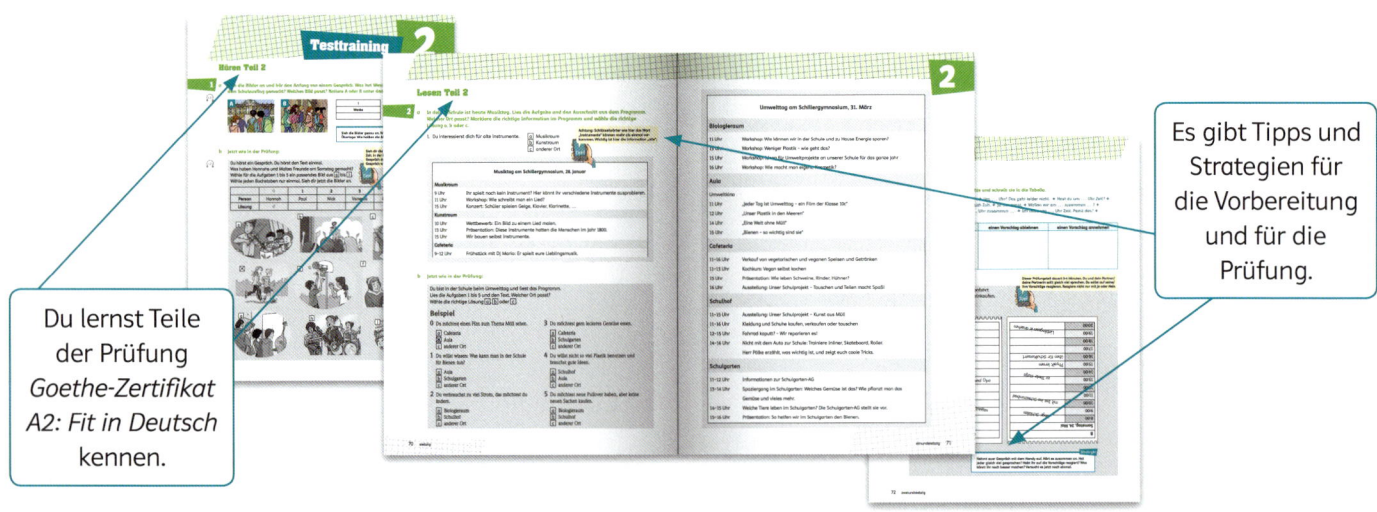

2 Testtrainings

Du lernst Teile der Prüfung *Goethe-Zertifikat A2: Fit in Deutsch* kennen.

Es gibt Tipps und Strategien für die Vorbereitung und für die Prüfung.

1

a **Personen beschreiben – Welche Adjektive passen zu den Personen? Ordne zu.**

✦ blond ✦ kurz ✦ lang ✦ dunkelbraun ✦ hellblau ✦ schwarz ✦

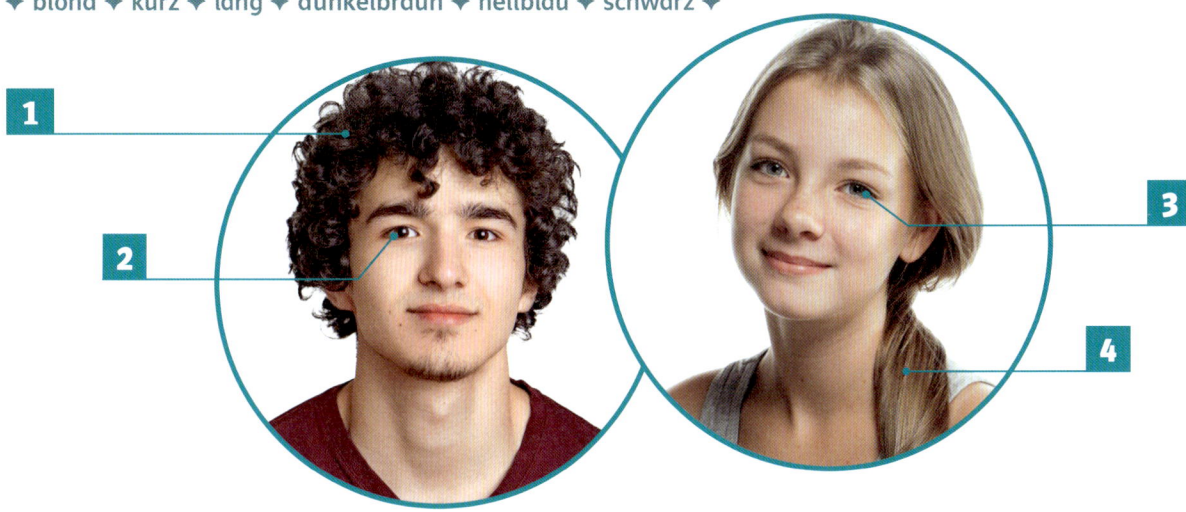

1 **2** **3** **4**

b **Schreib die Adjektive richtig.**

1. ntte _____

2. toerlant _____

3. hiflbseriet _____

4. erhichl _____

5. lbie _____

6. inetiglletn _____

c **Welche Adjektive passen zu diesen Personen? Schreib.**

 **A**  **B**  **C**  **D**

_____ _____ _____ _____

d **Hör und ergänze die Personenbeschreibung.**

1.02
online
1

Das ist ___Clara___. Sie ist _____ Jahre alt. Sie ist _____ Meter groß. Ihre

Haare sind _____, ihre Augen sind _____.

Sie trägt gern T-Shirts, _____.

Sie mag _____.

_____ mag sie nicht. Sie ist

sportlich, _____.

2

a   Lies Paulas Nachricht. Welche Aussagen (1–6) sind richtig? Kreuze an.

Liebe Julia,
heute schicke ich dir viele Grüße aus Münster, denn hier habe
ich viel Zeit. Ich bin bei meiner Oma und chille.
Die letzten zwei Wochen waren toll. Ich habe mit meinen Eltern
eine Reise nach Wien gemacht. Wir waren viel in der Stadt
unterwegs und ich habe viel fotografiert. Wir waren im Stephans-
dom und anderen Kirchen und im Schloss. Wir waren auch im Haus
des Meeres. Das Museum ist echt toll. Meine Mutter und ich
haben in der Stadt Klamotten für mich gekauft. Wir haben auch
Sachertorte probiert. Ich finde sie echt lecker. Nächste Woche
bin ich wieder zu Hause. Was hast du so gemacht? Schreib mal.

Viele Grüße, Paula

★0,45
DEUTSCHLAND

Julia Mering
Hohenzollernstraße 18
80801 München

1. ☐ Paula schreibt aus Wien.   3. ☐ Sie war im Museum.   5. ☐ Sachertorte schmeckt ihr nicht.
2. ☐ Sie hat Fotos gemacht.   4. ☐ Sie war in der Stadt shoppen. 6. ☐ Sie fährt morgen zurück.

b   Markiere in der Postkarte in 2a alle Verbformen im Perfekt und sortiere sie in eine Tabelle im Heft.

regelmäßig	-ieren
machen – gemacht	

c   Ergänze die Verbformen im Perfekt.

1. ich spiele   _____ich habe gespielt_____   4. wir schicken _____

2. du telefonierst   _____   5. ihr chillt   _____

3. er/es/sie sammelt   _____   6. sie grillen   _____

d   Was haben die Jugendlichen in den Ferien gemacht? Schreib die Sätze im Perfekt.

1. Milan – mit Freunden im Garten – grillen – .   _Milan hat mit Freunden im Garten gegrillt._

2. Paul – mit der Familie – drei Wochen – campen – . _____

3. Lilly – im Eiscafé – arbeiten – .   _____

4. Kai – seinen Geburtstag am Meer – feiern – .   _____

5. Selina – zum ersten Mal Sushi – probieren – .   _____

e   Lies die Chats und ergänze die Formen von *sein* und *haben* im Präteritum.

Wir _____ (1) an der
Ostsee. Das Wetter _____ (2)
super. Wir _____ (3) jeden Tag
Sonnenschein. Und du?

Ich _____ (4) eine Erkältung,
aber morgen fahren wir nach Italien,
endlich!

Hey! Wie _____ (5) es im
Sprachcamp, _____ (6)
du Spaß?

Ja, es _____ (7) echt super.
Und ihr? _____ (8) ihr eine
schöne Zeit in den Bergen?

Ja, die Berge _____ (9) toll.

3 **a** **Markiere die Partizip-II-Formen. Schreib dann das Partizip II zu dem passenden Infinitiv.**

leigelesenweoogeschlafenwrggetrunkenwefgegessenarvgetroffenrewdgesehenmerbgesprochenppgm

1. lesen _____

2. schlafen _____

3. essen _____

4. sprechen _____

5. treffen _____

6. sehen _____

7. trinken _____

b **Wochenende – Was passt wo? Ergänze das Partizip II. Übung 3a hilft.**

1. Marie hat bis 11 Uhr _____. Sie war sehr müde.

2. Zum Frühstück hat sie ein Müsli _____.

3. Sie hat auch einen Tee _____.

4. Dann hat sie noch zwei Stunden im Bett ein Buch _____.

5. Später hat sie Kim _____.

6. Am Abend haben sie zusammen einen Film _____.

7. Dann haben sie noch über den Film und über die Schule _____.

c **Was gehört zusammen? Verbinde.**

sie hat gegeben

sie hat gefunden

helfen

schreiben

sie hat geholfen

er hat genommen

nehmen

finden

geben

er hat geschrieben

Du findest in jedem Kapitel eine Übung zum Perfekt. Ab Kapitel 3 immer nach Lernen – üben – spielen.

Tipp!

d **Was haben die Jugendlichen gestern gemacht? Bilde Sätze im Perfekt.**

1. Lukas – treffen – seine Freunde – .   _Lukas hat seine Freunde getroffen._

2. Henri – helfen – seiner Oma – .   _____

3. Kim und Marie – im Café eine Cola – trinken – .   _____

4. Lars – viele Nachrichten – schreiben – .   _____

5. Valerie – in der Bibliothek ein Buch – finden – .   _____

6. Cem – sehen – eine Serie – .   _____

4

a   Perfekt mit *haben* oder *sein* – Was ist richtig? Kreuze an.

1. Gestern ☐ bin ☐ habe ich mit meinem Bruder Max in die Stadt gefahren.

2. Wir ☐ sind ☐ haben ins Kino gegangen und ☐ sind ☐ haben einen Film gesehen.

3. Im Kino ☐ ist ☐ hat Max Popcorn gekauft und ich ☐ bin ☐ habe ein Eis genommen.

4. Danach ☐ sind ☐ haben wir noch im Park Basketball gespielt.

5. Leo ☐ ist ☐ hat nicht gekommen. Er ☐ ist ☐ hat zu Hause geblieben.

6. Ich glaube, er ☐ ist ☐ hat Englisch gelernt oder er ☐ ist ☐ hat einen Text für Deutsch geschrieben.

7. Am Abend ☐ sind ☐ haben wir Spaghetti gegessen.

8. Es ☐ ist ☐ hat nicht viel passiert, aber es ☐ ist ☐ hat ein cooler Tag gewesen.

b   Ergänze *haben* oder *sein* in der richtigen Form.

1. ● Was _____ passiert?   ○ Nichts. Warum fragst du?

2. ● Wo ist Henri?   ○ Er _____ nach Hause gefahren.

3. ● _____ Henri dir mein Heft gegeben?   ○ Ja, hier ist es.

4. ● Danke. Und wo ist Marie?   ○ Sie _____ in der Schule geblieben.

5. ● _____ du mit Lars gesprochen?   ○ Nein, wir _____ nur geschrieben.

c   Perfekt – Wie ist das in deiner Sprache? Schreib die Sätze in deiner Sprache und kreuze an.

deutsch:	Kim und Lukas haben Basketball gespielt.
meine Sprache:	
deutsch:	Marie ist in den Park gegangen.
meine Sprache:	

In meiner Sprache …

… gibt es auch ein Perfekt (Hilfsverb z.B. *haben* + Partizip II).   ☐ ja ☐ nein

… gibt es regelmäßige und unregelmäßige Verben.   ☐ ja ☐ nein

… braucht man auch die Verben *haben* und *sein*.   ☐ ja ☐ nein

online
3

d   Schreib die Sätze im Perfekt.

1. Kim fährt mit dem Fahrrad zu Marie, Lukas geht zu Fuß.

   Kim ist mit dem Fahrrad zu Marie gefahren, …

2. Marie macht eine Pizza. Kim und Lukas helfen ihr.

   _____

3. Dann schreiben sie zusammen einen Text für die Schule.

   _____

4. Um 18 Uhr geht Lukas nach Hause, Kim bleibt noch.

   _____

5

a Zweifel ausdrücken – Ordne die Dialoge und hör zur Kontrolle. **oder** Hör die Dialoge und ordne sie.

(1.03)

Dialog 1

- [ ] Ich habe noch Mathe gelernt.
- [ ] Echt? Der Test ist in vier Wochen!
- [ ] Okay, Entschuldigung. Ich habe noch mit Paula gesprochen.
- [ ] Du bist schon wieder zu spät. Ich warte schon so lange.

Dialog 2

- [ ] Das glaube ich nicht.
- [ ] Doch, wirklich! Ich habe 30 Minuten gewartet.
- [ ] Der Bus ist nicht gekommen.
- [ ] Du bist immer zu spät. Wo warst du?
- [ ] 30 Minuten? Ich weiß ja nicht …

b Entschuldigungen – Ergänzt die Dialoge und lest zu zweit.

online
4

✦ wahr ✦ stimmen ✦ glaube ✦ Quatsch ✦

1. ● Die Straßenbahn ist nicht gekommen   ○ Das kann nicht _____.
2. ● Ich habe den Weg nicht gefunden.   ○ So ein _____!
3. ● Ich habe noch mit Frau Stark gesprochen.   ○ Das ist nicht _____.
4. ● Die U-Bahn ist nicht gefahren.   ○ Das _____ ich nicht.

6

a Lies den Text und setze aus der Wortliste (A–H) das richtige Wort in jede Lücke ein. Einige Wörter bleiben übrig.

DSD I

> Lies den Text zuerst einmal ganz. Entscheide: Fehlt ein Adjektiv, Adverb oder Nomen?
>
> Tipp!

Wortliste
✦ (A) jetzt ✦ (B) leider ✦ (C) Bus ✦ (D) langweilig ✦ (E) manchmal ✦
✦ (F) Restaurant ✦ (G) schade ✦ ✦ (H) spät ✦ (Z) früh ✦

Am Samstag bin ich mit meiner Familie um sechs Uhr morgens nach Berlin gefahren. Das war sehr (0) __Z__. Aber die Reise ist lang. Wir sind zwei Tage in Berlin geblieben und haben in einem Hotel übernachtet. Wir haben auch meine Tante getroffen. Wir sehen sie (1) _____ nicht oft. Sie wohnt schon fünf Jahre in Berlin. Zusammen sind wir in ein Museum gegangen. Das war ein bisschen (2) _____ … Aber dann waren wir in vielen Geschäften und ich habe viele schöne Dinge gekauft. Am Abend haben wir in einem (3) _____ Sushi gegessen. Das war sehr lecker, ich liebe Sushi. Am Sonntag sind wir mit dem Bus durch Berlin gefahren und ich habe viele Fotos gemacht. Wir sind am Sonntagabend sehr (4) _____ nach Hause gekommen.

b Welche Überschrift passt am besten zum Text? Kreuze an!

A [ ] Sommerferien in Berlin

B [ ] Geschäfte in Berlin

C [ ] Ein Wochenende in Berlin

7 **a** **Hör das Gespräch. Kreuze an: Richtig oder falsch?**

	richtig	falsch
1. Paula und Mia möchten am Wochenende zu einer Party gehen.	☐	☐
2 Paula muss um 22 Uhr zu Hause sein.	☐	☐
3. Mias Eltern sind sauer, denn Mia hat schlechte Noten.	☐	☐
4. Mia darf nicht zu dem Konzert gehen.	☐	☐
5. Paula hilft Mia in Mathe.	☐	☐

b **Schreib Sätze mit *denn*.**

1. Luisa lernt, _denn sie schreibt morgen einen Mathetest._
(morgen einen Mathetest schreiben)

2. Annabelle kauft eine Fahrkarte, _____
(nach Köln fahren)

3. Pietro ist glücklich, _____
(mit Lena ins Kino gehen)

4. Julia ruft Vicky an, _____
(über ihr Referat sprechen wollen)

5. Max hat gute Noten, _____
(viel lernen)

c **Wähle eine Person aus Aufgabe 7a im Kursbuch und schreib eine Antwort.**

d **Gefühle – Wie heißen die Adjektive? Schreib.**

1. ercherleitt _____   4. ösnevr _____

2. verbtlie _____   5. serau _____

3. güchclkli _____   6. atrurgi _____

e **Welche Adjektive haben eine ähnliche Bedeutung? Notiere drei Paare.**

1. _____ – _____

2. _____ – _____

3. _____ – _____

✦ traurig ✦ glücklich ✦ wütend ✦
✦ unglücklich ✦ sauer ✦ froh ✦

f **Was passt wo? Ordne zu.**

✦ A Pia hat Angst. ✦ B Max ist erleichtert. ✦ C Tarik ist wütend. ✦ D Lilli ist traurig. ✦ E Tom ist nervös ✦

g   Ergänze die Sätze.

1. Lilli ist traurig, denn _____

2. Tarik ist wütend, denn _____

3. Max ist erleichtert, denn _____

4. Tom ist nervös, denn _____

8

(1.05)

Hilfe anbieten, um Hilfe bitten – Ergänze die Lücken und hör zur Kontrolle.

✦ helfen ✦ Brauchst ✦ Problem ✦ bitte ✦ Danke ✦ tun ✦

Dialog 1	**Dialog 2**
● _____ (1) du Hilfe?	● Kannst du mir _____ (4)?
○ Ja, _____ (2). Wo ist Raum 241?	○ Natürlich. Was kann ich _____ (5)?
● Du musst hier links gehen und dann wieder rechts.	● Können wir zusammen Mathe lernen?
● _____ (3).	○ Ja, klar. Kein _____ (6).

9   a   Sag mal ... Emotionales Sprechen – Hör die Sätze. Was passt? Kreuze an.

(1.06)

	sauer	unglücklich	erleichtert	nervös
1. Ich finde mein Handy nicht. Alle Fotos sind weg.	☐	☐	☐	☐
2. Ah, du hast mein Handy. Ich habe es schon gesucht.	☐	☐	☐	☐
3. Wann schreiben wir den Englisch-Test?	☐	☐	☐	☐
4. Das Wetter ist wieder schlecht!	☐	☐	☐	☐

(1.06)

b   Hör noch einmal und sprich nach.

c   Schreib die Sätze und sprich sie dann mit viel Emotionen.

1. sauer – Ich – sein – so – !!!   _Ich bin so sauer!!!_____

2. total – Ich – sein – wütend – !   _____

3. Ich – sein – froh – echt – !   _____

4. sehr – sein – Ich – erleichtert – .   _____

10

Lernen – üben – spielen. Spielt zu viert. Jedes Paar notiert fünf Sätze im Präsens und schreibt diese Sätze auch im Perfekt. Lest dann den Präsenssatz vor. Das andere Paar sagt den Satz im Perfekt. Richtig oder falsch? Korrigiert. Welches Paar hat mehr richtige Sätze?

Er geht in die Schule

Er ist in die Schule gegangen.

Wichtige Wörter

Seite 8

aus|sehen (*sieht aus, hat ausgesehen*) _____

die **Größe**, -n _____

ehrlich _____

hilfsbereit _____

intelligent _____

lieb _____

lustig _____

nett _____

sportlich _____

tolerant _____

Seite 9

leider _____

vorbei (*Die Ferien sind leider vorbei.*) _____

chillen _____

feiern _____

fotografieren _____

die **Muschel**, -n _____

Muscheln sammeln _____

die **Reise**, -n _____

eine Reise machen _____

probieren _____

surfen _____

spielen _____

der **Urlaub**, -e _____

die **Arbeit** _____

der **Cousin**, -s _____

die Erkältung, -en _____

eine Erkältung haben (*hat, hat gehabt*) _____

schicken _____

der **Spaß** (*Spaß haben*) _____

unterwegs _____

campen _____

grillen _____

die **Lust** (*Ich habe keine Lust.*) _____

Seite 10

der Bericht, -e _____

ewig _____

echt (*Ich bin echt sauer.*) _____

der **Kakao** _____

der **Krimi**, -s _____

lange _____

leid|tun (*Tut mir leid.*) _____

sauer _____

schon _____

warten _____

der **Unterschied**, -e _____

Seite 11

los sein (*Was ist los?*) _____

der **Bus**, -se _____

die **U-Bahn**, -en _____

lügen (*lügt, hat gelogen*) _____

pünktlich _____

So ein **Quatsch**! _____

sterben (*stirbt, ist gestorben*) _____

stimmen (*Das stimmt nicht.*) _____

der **Zweifel**, - _____

wecken _____

der Wecker, - _____

ca. _(= circa)_ _____

Seite 12

die **Angst** _(Ich habe Angst.)_ _____

beachten _____

die Diskussion, -en _____

diskutieren _____

erleichtert _____

froh _____

glücklich _____

klug _(klüger, am klügsten)_ _____

lachen _____

nervös _(nervöser, am nervösesten)_ _____

die **Note**, -n _____

plötzlich _____

die **Prüfung**, -en _____

Silvester _____

sogar _____

der **Stress** _____

traurig _____

unglücklich _____

verliebt _____

weinen _____

wütend _____

zufrieden _____

unzufrieden _____

mündlich _____

schriftlich _____

das Gefühl, -e _____

Seite 13

aus|gehen _(geht aus, ist ausgegangen)_ _____

ein paar _(ein paar Schulsachen)_ _____

der Geldbeutel, - _____

der Streit _____

Streit haben _(Ich habe Streit mit meinen Eltern.)_ _____

schaffen _(Ich schaffe das schon.)_ _____

schauen _(Hier, schau mal!)_ _____

an|bieten _(bietet an, hat angeboten)_ _____

bitten _____

das **Taschengeld** _____

Was kann ich?

1   **Ich kann Personen beschreiben.**   ☺   ☹   ☹

→ KB/ÜB A1

Das ist _____. Er/Sie ist _____ Jahre alt und _____ Meter groß. Seine/Ihre Augen sind

_____. Die Haare sind _____. Er/Sie trägt gern _____.

Er/Sie mag _____ (nicht). Er/Sie ist nett und _____.

2   **Ich kann über Vergangenes sprechen.**   ☺   ☹   ☹

→ KB/ÜB A2, A3, A4

✦ sein ✦ haben ✦ schlafen ✦ gehen ✦ fahren ✦ machen ✦ spielen ✦
✦ besuchen ✦ treffen ✦ sprechen ✦ aufräumen ✦ essen ✦ trinken ✦

> Gestern war ich zu Hause …

3   **Ich kann meine Zweifel ausdrücken.**   ☺   ☹   ☹

→ KB/ÜB A5

1. Das glaube   A   nicht stimmen.
2. Das kann   B   Quatsch!
3. So ein   C   ich nicht.

4   **Ich kann über Gefühle sprechen.**   ☺   ☹   ☹

→ KB/ÜB A7

1. Vor einem Test in Mathe bin ich _____.

2. Ich habe in Englisch eine Zwei bekommen, deshalb bin ich _____.

3. Ich bin so _____, denn ich bekomme ein neues Handy.

5   **Ich kann Hilfe anbieten, annehmen oder ablehnen.**   ☺   ☹   ☹

→ KB/ÜB A8

✦ Brauchst du Hilfe? ✦ Das ist echt nett. ✦ Ja. Bitte. ✦ Kein Problem. ✦

● Hi Mia. _____ (1)   ● Na, klar. _____ (3)

○ _____ (2). Kannst du   ○ Danke! _____ (4)

    mir mit dem Fahrrad helfen?

So lerne und übe ich

6   **Ich schreibe Lernkarten zu Verben und notiere Formen im Präsens und Perfekt.**   ☐ manchmal   ☐ oft   ☐ nie

fahren:
_____
_____

gehen:
ich gehe
ich bin gegangen

sprechen:
_____
_____

trinken:
ich trinke
ich habe getrunken

1

a Welche Sportarten erkennst du? Ergänze.

3. A _ _ A _ _ E _
6. E I _ _ _ _ _
8. _ O _ _ E Y _ A _ _
9. _ A _ _ I _ I N G
12. E I _ _ O _ _ E Y
13. _ _ E I _ E _

b Arbeitet zu zweit. Schreibt vier Sportarten auf Karten. Mischt die Karten. A zieht eine Karte. B stellt Ja-/Nein-Fragen und rät. Dann wechselt ihr.

Eishockey spielen

Fußball spielen

Skateboard fahren

Ist dein Sport schnell?

Ja.

Kann man das alleine machen?

Nein.

online 1

c Welche Sportarten kennst du noch? Recherchiere im Internet und stelle eine Sportart in der Klasse vor. Beantworte die Fragen.

Wie ist …?

Was ist …?

Wo kann man …?

Wann …?

Mit wem …?

Was kostet …?

2 a Lies noch einmal die Texte aus Aufgabe 2a im Kursbuch und kreuze an: Sind die Aussagen richtig oder falsch?

	richtig	falsch
1. Carlo macht seit sechs Jahren Sport.	☐	☐
2. Carlo hat schon zwei Turniere gewonnen.	☐	☐
3. Carlo mag auch andere Sportarten, zum Beispiel Basketball.	☐	☐
4. Joy findet tanzen nicht so gut.	☐	☐
5. Joys Vater hat ihr einen neuen Wagen gebaut.	☐	☐
6. Omar hat Parkour über seine Freunde kennengelernt.	☐	☐
7. Parkour ist nicht so leicht.	☐	☐
8. Omars Eltern finden seine Filme im Internet nicht gut.	☐	☐

b Vergleicht eure Lösungen zu zweit und korrigiert die falschen Aussagen.

> Carlo hat …

c Welches Wort passt nicht? Markiere.

1. der Verein – der Club – das Team – das Turnier

2. gefährlich – spannend – lustig – cool

3. draußen – mit Musik – in einer Halle – im Garten

4. das Training – der Unterricht – die Regeln – der Kurs

online
2

d Welche Verben haben die gleiche Bedeutung? Ordne die Synonyme zu.

✦ ausprobieren ✦ beginnen ✦ ~~kennenlernen~~ ✦ gewinnen ✦ teilnehmen ✦ üben ✦

1. eine Sportart entdecken _____Kennenlernen_____

2. mit dem Reiten anfangen _____

3. bei etwas mitmachen _____

4. einen Preis bekommen _____

5. Figuren trainieren _____

6. etwas Neues versuchen _____

3 a Schreib die Sätze links im Präsens. Achtung: Ist das Verb trennbar oder nicht?

1. ● Jonas hat heute mit Ballett begonnen. ○ Echt? Ist ja toll!
2. ● Wir haben uns für die Sport-AG angemeldet. ○ Cool. Ich komme mit.
3. ● Haben deine Eltern das Training bezahlt? ○ Keine Ahnung.
4. ● Ich muss los! Mein Training hat schon angefangen. ○ Okay, ciao!
5. ● Unser Lehrer hat die Übungen super erklärt. ○ Findest du?
6. ● Haben eure Eltern beim Turnier zugesehen? ○ Ja, klar.
7. ● Die Übung ist so schwer! Hast du sie verstanden? ○ Welche Übung?
8. ● Bist du zum Sportfest mitgegangen? ○ Nee, das finde ich langweilig.

> **Partizipformen**
> trennbar mit -ge-
> untrennbar ohne ge-
>
> Tipp!

1. Jonas beginnt heute mit Ballett.

b Vergleicht zu zweit und lest die Mini-Dialoge erst im Präsens und dann im Perfekt.

online 3

c Voll im Trend – Ergänze den Text mit den Verben im Perfekt.

✉

Hi Gina,

in der Schule ist gerade Projektwoche und ich _____ an der Gruppe „Trendsport"

_____ (teilnehmen). Ich _____ mit BMX-Fahren und

Slacklining _____ (anfangen). Und ich finde beides super! Ich _____

auch Jule und Hannah von der Gruppe _____ (erzählen). Deshalb _____

sie heute _____ (mitkommen). Heute _____ wir „Crunning"

_____ (kennenlernen). Das ist ein Trendsport aus Australien.

Man muss wie ein Tier auf Händen und Füßen laufen. Unser Lehrer _____ uns alles

genau _____ (erklären) und wir _____ alle _____

(mitmachen). Das ist super lustig, aber auch total anstrengend. Sieh dir das mal auf Youtube an.

Mir _____ das sehr gut _____ (gefallen). Und was machst du so?

Bis bald, Josy

d Sieh die Bilder an. Was ist passiert? Schreib zwei kurze Geschichten, die Wörter bei den Bildern helfen.

Gestern hat Nina Ronja um 15 Uhr …

✦ Nina und Ronja ✦
✦ um 15 Uhr treffen ✦ zum
Basketball-Turnier gehen ✦

✦ im Team spielen ✦
✦ alle Spiele gewinnen ✦
✦ einen Pokal bekommen ✦

✦ im Verein feiern ✦ die Zeit
vergessen ✦ zu spät kommen ✦
✦ Ärger bekommen ✦

✦ Sascha ✦ spazieren gehen ✦
✦ einem BMX-Fahrer zusehen ✦
✦ gut gefallen ✦

✦ den Jungen kennenlernen ✦
✦ Tricks erklären ✦

✦ BMX-Rad fahren ✦
✦ super finden ✦

a Freizeit – Suche zwölf Wörter.

B	F	R	E	I	Z	E	I	T	P	A	R	K	E	K
R	K	A	R	T	F	A	H	R	E	N	E	F	A	S
Y	B	A	S	K	E	T	B	A	L	L	I	O	S	L
A	S	T	I	R	M	O	L	M	A	S	S	T	M	A
L	K	E	F	U	L	L	A	P	N	I	L	O	S	C
M	A	L	O	M	A	B	C	O	O	N	A	G	O	K
E	T	A	K	I	N	O	O	L	A	G	U	R	Y	L
H	E	J	D	H	E	W	M	I	H	E	F	A	Ü	I
N	B	P	U	D	D	L	P	N	P	N	E	F	T	N
S	O	T	T	N	A	E	U	P	N	A	N	I	C	I
T	A	E	K	H	F	N	T	A	C	S	K	E	L	N
R	R	K	L	E	T	T	E	R	N	W	U	R	Q	G
Ö	D	I	R	B	Y	O	R	K	E	Z	N	E	U	N
M	Ü	N	Z	E	R	H	A	L	K	B	U	N	O	Y

b Lies die Dialoge. Welches Wort passt? Kreuze an.

1. ● Wollen wir ins Kino gehen?
   ○ Nein, das ist zu ☐ teuer ☐ weit. Ich habe kein Geld mehr.
2. ● Wer findet Kartfahren gut?
   ○ Ich nicht. Ich habe Angst. Kartfahren ist doch ☐ langweilig ☐ gefährlich, oder?
3. ● Ich möchte am Samstag um 18 Uhr eislaufen. Dann gibt es in der Halle coole Musik.
   ○ Ich komme mit. Das ist sicher ☐ anstrengend ☐ lustig!
4. ● Wollen wir Basketball spielen?
   ○ Schon wieder? Keine Lust. Das ist ☐ langweilig ☐ gefährlich.
5. ● Wir gehen morgen klettern. Kommst du mit?
   ○ Das ist zu ☐ lustig ☐ anstrengend. Ich chille lieber oder spiele Computer.
6. ● Wir können nach der Schule in den Freizeitpark gehen.
   ○ Das ist zu ☐ weit ☐ teuer. Die Fahrt dauert fast eine Stunde.

online
4

a In A, B und C ist jeweils ein Ausdruck falsch. Streiche durch und schreib den Ausdruck an die richtige Stelle.

A einen Vorschlag machen	B einen Vorschlag ablehnen	C einen Vorschlag annehmen
Ich habe einen Vorschlag.	Ich darf nicht …	… mag ich nicht.
Das ist eine gute Idee!	Keine Lust.	Einverstanden.
Wir können ja …	Ich habe eine Idee.	Das machen wir!
Wollen wir vielleicht …?		
	_____	_____
_____		

b Hör die Dialoge. Was wollen die Freunde machen? Welcher Satz passt zu welchem Dialog? Verbinde. Ein Satz bleibt übrig.

Dialog 1

Dialog 2

Dialog 3

A Die Freunde wollen zu Hause einen Film sehen.

B Die Freunde wollen ins Kino gehen.

C Die Freunde wollen in den Trampolinpark gehen.

D Die Freunde wollen in den Freizeitpark gehen.

c Ergänze die Dialoge.

✦ Einverstanden ✦ wollen wir ✦ Ich habe ✦ machen wir ✦ Ich darf ✦ eine Idee ✦ Keine Lust ✦
✦ Wir können ja ✦

Hallo Jana, _____ (1)
nach der Schule in den Park gehen
und chillen?

> Hi Nele! In den Park?
> _____ (2).

Was wollen wir dann machen?

> _____ (3) einen
> Vorschlag. Wir rufen Max und Paul
> an und dann fahren wir zusammen
> Skateboard.

Na gut. _____ (4).

Hallo Paul. Hast du nach der Schule
Zeit?

> Hi Max. Ja. Ich habe _____
> _____ (5). Wir rufen
> Jana und Nele an und fahren dann
> zusammen Skateboard.

_____ (6)
sechs Wochen nicht Skateboard
fahren, hat der Arzt gesagt.

> Ach ja, dein Knie. _____
> _____ (7) in den Park gehen
> und chillen.

Cool. Das _____
_____ (8)!

d Sprecht die Dialoge aus 5c zu zweit. **oder** Sprecht zu zweit eigene Dialoge.

6 a Sag mal ... Wortakzent bei trennbaren und untrennbaren Verben – Lies und markiere den Wortakzent.

1. erklären   2. mitfahren   3. gewinnen   4. bekommen   5. mitgehen
6. bezahlen   7. verkaufen   8. aufräumen   9. einkaufen   10. verstehen

b Hör die Wörter aus 6a zur Kontrolle und sprich nach.

c Lies und hör die Sätze. Achte auf den Wortakzent bei den Verben. Lies die Sätze dann laut.

1. Hast du dein Zimmer aufgeräumt?
2. Ich will das Turnier gewinnen.
3. Wann bekommst du dein eigenes Kart?
4. Willst du bei uns mitfahren?
5. Kann ich am Montag zum Training mitgehen?
6. Erklärst du mir die Regeln?

7 a Luis' Party – Was ist richtig? Kreuze an.

1. ● Hast du schon mit deiner ☐ Mutter ☐ Vater gesprochen?
   ○ Ja, ich darf zu Luis' Party gehen.
2. ● Fährst du mit deinem ☐ Roller ☐ Inlineskates zu Luis?
   ○ Ja, du auch?
3. ● Kennst du den Weg zu seinem ☐ Party ☐ Haus?
   ○ Ja, ich war schon mal da.
4. ● Kommt Jannik mit?
   ○ Nein, er ist am Wochenende bei seinem ☐ Tante ☐ Onkel.
5. ● Was hat Luis von seinen ☐ Eltern ☐ Bruder bekommen?
   ○ Das weiß ich nicht.
6. ● Du hast auch bald Geburtstag.
   ○ Ja, dann mache ich mit meinen ☐ Vater ☐ Gästen einen Ausflug.

b Lies die Nachrichten und ergänze die passenden Possessivartikel.

A
Hallo Papa, ich gehe mit
_____ (1)
Freunden in den Park. Ich
fahre mit _____ (2)
Fahrrad.
Und ich habe heute von
_____ (3) Lehrern
keine Hausaufgaben
bekommen! Cool, was?

B
Hi Lina, Caro kommt
heute nicht. Sie hat
Streit mit _____ (4)
Mutter und sie muss mit
_____ (5) Bruder
zum Schwimmkurs.
Danach fährt sie zu
_____ (6) Vater.
Aber du kommst, oder?

C
Hi Justus, Mirko und ich fahren zuerst
zu _____ (7) Trainer und holen
_____ (8) neuen Trikots ab.
Die brauchen wir morgen. Um zwei
sind wir in der Bibliothek und können
mit _____ (9) Chemie-
Projekt anfangen. Okay?

c Nominativ, Akkusativ oder Dativ? Ergänze die Possessivartikel.

online 5

● Mama, hast du m_____ (1) Rucksack gesehen?

○ Nein, ist er nicht in d_____ (2) Zimmer?

● Nein! Ich brauche m_____ (3) Rucksack für den Schulausflug.

○ Dann nimm doch Papas Rucksack. Er braucht s_____ (4)
  Rucksack heute nicht.

● Oh Mann, s_____ (5) Rucksack ist so hässlich! Mama,
  kann ich nicht lieber mit d_____ (6) Tasche zum Schulausflug
  gehen?

○ Mit m_____ (7) Tasche? Ähm, also ich weiß gar nicht,
  wo sie ist.

● Ich habe d_____ (8) Tasche schon gefunden.
  Also, darf ich sie benutzen?

○ Ähm …

● Danke, Mama! Bis später!

8 **a** **Sieh noch einmal die Grafik in Aufgabe 8a im Kursbuch an und ergänze den Text.**

1. *Freunde treffen* ist bei den Jugendlichen in Deutschland auf _____ eins. Das machen

   _____% sehr oft.

2. *Musik hören* ist auf Platz _____, aber *Musik machen* ist nur auf Platz _____. Das machen

   nur _____% oft.

3. 25 % der Jugendlichen in Deutschland _____ oft _____. Das ist Platz _____.

4. Auf Platz vier ist _____ mit _____%.

5. _____ _____ nur 20 % der Jugendlichen oft.

b **Was machst du oft in deiner Freizeit? Schreib einen kurzen Text in dein Heft.**

✦ In meiner Freizeit … ich sehr oft … ✦ Ich … auch oft … ✦ Manchmal … ich … oder … ✦
✦ … ich nicht so oft / selten / nie. ✦ In den / Ins / In die … gehe ich oft / manchmal / selten / nie. ✦

DSD I
🎧 1.10

c **Du hörst vier Nachrichten auf dem Anrufbeantworter. Lies zuerst die Aufgaben 1–4. Du hast dafür 60 Sekunden Zeit. Hör dann die Nachrichten und löse die Aufgaben beim Hören. Kreuze bei jeder Aufgabe die richtige Lösung (A oder B oder C) an. Danach hörst du die Nachrichten noch einmal.**

1. Morgen Nachmittag

A ☐ muss Jan ohne Max zum Eishockey gehen.
B ☐ muss Max für einen Test lernen.
C ☐ erklärt Max' Schwester ihm Physik.

2. Josefine

A ☐ rudert seit zwei Monaten im Ruderclub.
B ☐ will in den Ferien rudern.
C ☐ kann nach den Ferien im Club rudern.

3. Nilays Mutter

A ☐ arbeitet um 22 Uhr noch.
B ☐ hat mit Marcos Eltern telefoniert.
C ☐ holt Marco und Nilay vom Freizeitpark ab.

4. Luisa muss

A ☐ zu Hause bleiben.
B ☐ Teller mitbringen.
C ☐ Mara anrufen.

> Kontrolliere beim zweiten Hören deine Lösungen.
>
> Tipp!

9 **Lernen – üben – spielen. Arbeitet zu zweit. Was habt ihr letzte Woche gemacht? Wählt sechs Aktivitäten aus und schreibt sie in die Kreise. Fragt abwechselnd euren Partner / eure Partnerin. Wer hat zuerst alle Aktivitäten vom Partner / von der Partnerin erraten?**

✦ einen Witz erzählen ✦ einen Freund / eine Freundin besuchen ✦ ✦ Freunde treffen ✦ beim Sport mitmachen ✦ an einem Wettkampf teilnehmen ✦ ein Lied singen ✦ um sechs Uhr aufstehen ✦ bei einem Spiel zusehen ✦ etwas gewinnen ✦ ✦ eine gute Note bekommen ✦ für einen Test lernen ✦ mit einem neuen Buch anfangen ✦ eine nette Person kennenlernen ✦ einem Schüler / einer Schülerin etwas erklären ✦ das Zimmer aufräumen ✦ die Lieblingsserie ansehen ✦

Hast du letzte Woche an einem Wettkampf teilgenommen?

Nein. Bist du …

Wichtige Wörter

Seite 15

aus|probieren _____

das Ballett, -s _____

Eishockey _____

rudern _____

das Snowboard, -s _____

der Weitsprung _____

allein _____

balancieren _____

draußen _____

fallen *(fällt, ist gefallen)* _____

fit _____

gefährlich _____

gewinnen *(gewinnt, hat gewonnen)* _____

die **Gruppe**, -n _____

die **Halle**, -n _____

die Konzentration _____

möglich _____

die Regeln, -n _____

spannend _____

überall _____

der **Verein**, -e _____

vor|bereiten *(bereitet vor, hat vorbereitet)* _____

Seite 16

an|fangen *(fängt an, hat angefangen)* _____

an|melden *(sich) (meldet an, hat angemeldet)* _____

auf|hören *(hört auf, hat aufgehört)* _____

beginnen *(beginnt, hat begonnen)* _____

bekannt *(Die Band ist sehr bekannt.)* _____

damals _____

entdecken _____

die Figur, -en _____

filmen _____

früher _____

gerade _____

sich interessieren *(Ich interessiere mich für Sport.)* _____

irgendwann _____

die Kondition _____

kritisch _____

der **Kurs**, -e _____

die **Maschine**, -n _____

mit|gehen *(geht mit, ist mitgegangen)* _____

mit|spielen _____

noch nicht _____

der **Reifen**, - _____

springen *(springt, ist gesprungen)* _____

die Strategie, -n _____

super _____

teil|nehmen *(nimmt teil, hat teilgenommen)* _____

trainieren _____

träumen *(von + Dat.)* _____

das Turnen _____

verletzt _____

vorsichtig _____

der **Wagen**, - _____

zum Glück _____

zu|sehen _(sieht zu, hat zugesehen)_ _____

auf|passen _(passt auf, hat aufgepasst)_ _____

Lieblings- _(Das ist mein Lieblingssport.)_ _____

manchmal _____

mehrere _____

zeigen _____

Seite 17

die AG, -s _(Ich bin in der Sport-AG.)_ _____

vergessen _(vergisst, hat vergessen)_ _____

versuchen _____

die Runde, -n _____

Seite 18

der **Vorschlag**, Vorschläge _____

eis|laufen _(läuft eis, ist eisgelaufen)_ _____

der Nachteil, -e _____

Seite 19

ab|lehnen _(lehnt ab, hat abgelehnt)_ _____

an|nehmen _(nimmt an, hat angenommen)_ _____

Bescheid sagen _____

bowlen _____

einverstanden _____

der Trampolinpark, -s _____

vor|schlagen _(schlägt vor, hat vorgeschlagen)_ _____

Seite 20

bestimmt _(Das erlauben meine Eltern bestimmt nicht.)_ _____

Fahrrad fahren _(fährt, ist gefahren)_ _____

das **Geschenk**, -e _____

Seite 21

der Freizeitpark, -s _____

die Grafik, -en _____

die Aktivität, -en _____

die Überschrift, -en _____

verbringen _(verbringt, hat verbracht)_ _____

womit _(Womit verbringst du deine Freizeit?)_ _____

der **Platz**, Plätze _(auf Platz 1 sein)_ _____

die Umfrage, -n _____

dauern _____

die **Nähe** _____

Was kann ich?

1 **Ich kann über Sportarten sprechen.** ☺ ☺ ☹
→ KB/ÜB A1, A2

✦ Wo? ✦ Mit wem? ✦
✦ Wann? ✦ Wie ist …? ✦

2 **Ich kann Vorschläge machen, annehmen und ablehnen.** ☺ ☺ ☹
→ KB/ÜB A5

1 Zeit 👎

2 Zeit 👍

3 lernen 👎

3 **Ich kann über eine Grafik sprechen.** ☺ ☺ ☹
→ KB/ÜB A8

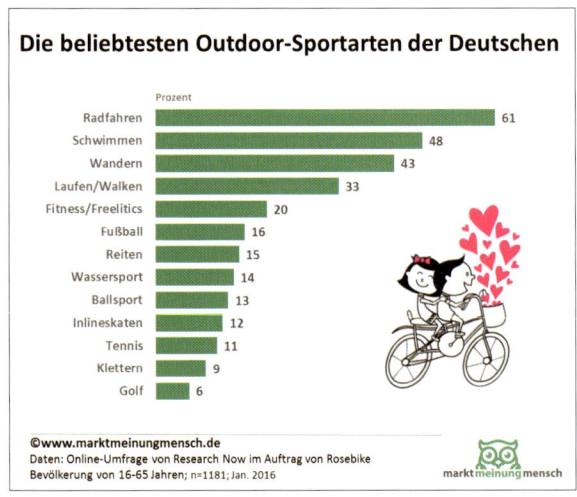

Die beliebtesten Outdoor-Sportarten der Deutschen

Prozent

Radfahren	61
Schwimmen	48
Wandern	43
Laufen/Walken	33
Fitness/Freelitics	20
Fußball	16
Reiten	15
Wassersport	14
Ballsport	13
Inlineskaten	12
Tennis	11
Klettern	9
Golf	6

©www.marktmeinungmensch.de
Daten: Online-Umfrage von Research Now im Auftrag von Rosebike
Bevölkerung von 16-65 Jahren; n=1181; Jan. 2016

marktmeinungmensch

Auf Platz …
… Prozent der Deutschen …
Nur … Prozent …

So lerne und übe ich

4 **Ich lerne die Betonung immer mit.** ☐ manchmal ☐ oft ☐ nie

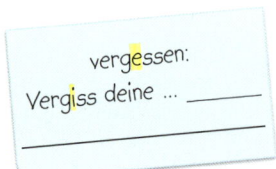

anfangen:
Willst du **an**fangen?
Das Training hat **an**gefangen.

verg**e**ssen:
Vergiss deine … _____
_____

mitmachen:
_____
_____

1 a Welche Show oder welcher Wettbewerb passt zu welcher Person? Ordne zu.

Jugend forscht

deutscher **jugend fotopreis** **B**

A

E 55. Bundeswettbewerb Jugend musiziert Vom 17. bis 24. Mai 2018 In der Hansestadt Lübeck

C

Welche Fußballnation konnte bei den bisherigen 19 Weltmeisterschaften nie den Titel im eigenen Land gewinnen?
- A: Brasilien
- B: Deutschland
- C: Argentinien
- D: Frankreich

Das Supertalent

D

F

das GROSSE BACKEN

1. _____ Lea liest gern und weiß wirklich viel.

2. _____ Maja ist sehr sportlich und kann Akrobatik wirklich gut.

3. _____ Max kann sehr gut Klavier spielen.

4. _____ Elisa findet Technik total interessant und hat gute Ideen.

5. _____ Paul macht super Kuchen und Torten. Er probiert gern Rezepte aus.

6. _____ In der Schule ist Greta in der Theater-AG. Das macht ihr viel Spaß.

7. _____ Valentin fotografiert gern und ist wirklich kreativ.

G

38. Theatertreffen der Jugend

b Wie heißen die Wörter? Schreib.

online 1

1. HSOW — die _____

2. RBWEBETTWE — der _____

3. MTOOENRADRI — die _____

4. MPUBULIK — das _____

5. RJYU — die _____

6. DAANDKIT — der _____

c Was passt zusammen? Verbinde.

1. ein Instrument — A besuchen

2. Fragen — B spielen

3. die richtige Antwort — C gewinnen

4. einen Workshop — D backen

5. einen Preis — E stellen

6. eine Torte — F sagen

2 **a** **Was ist wann in der Schule los? Schreib wie im Beispiel.**

der Wandertag
das Klassensprechertreffen
der Talentwettbewerb
der Projekttag
der Sportwettbewerb
das Schulfest

19.11.
03.07.
01.02.
31.10.
13.05.
18.09.

1. Der Wandertag ist ___am achtzehnten September._____

2. Das Klassensprechertreffen ist _____

3. Der Talentwettbewerb ist _____

4. Der Projekttag ist _____

5. Der Sportwettbewerb ist _____

6. Das Schulfest ist _____

 1.11 **b** **Wann ist das? Hör und notiere das Datum.**

a _____11.04._____   c _____   e _____   g _____

b _____   d _____   f _____   h _____

c **Sprecht zu zweit und notiert das Datum.**

A	
Mathetest	
Henris Geburtstag	06.01.
Ausflug	
Englischtest	25.06.
Schulkonzert	
Klassenparty	01.07.
Maries Geburtstag	

	B
Mathetest	07.12.
Henris Geburtstag	
Ausflug	20.08.
Englischtest	
Schulkonzert	01.03.
Klassenparty	
Maries Geburtstag	15.02.

> Wann ist der Mathetest?
>
> Am siebten Zwölften.

online **2** **d** **Was ist richtig? Markiere.**

1. ● Welches Datum ist heute?
   ○ Heute ist der fünfzehnte / fünfzehnten September.

2. ● Kommst du am zweite / zweiten Oktober zu dem Klassensprechertreffen?
   ○ Nein, da habe ich keine Zeit.

3. ● Das Casting ist am vierte / vierten Oktober, oder?
   ○ Nein, das Casting ist am Montag und das ist der achte / achten Oktober.

4. ● Der Wettbewerb ist am Freitag. Das ist der elfte / elften Oktober.
   ○ Nein, Freitag ist der zwölfte / zwölften Oktober.

5. ● Wann fahren wir nach Berlin? Am vierte / vierten November?
   ○ Keine Ahnung.

3 **a** **Was ist richtig? Kreuze an.**

1. ● Was ☐ soll ☐ sollen ☐ sollt wir machen?

   ○ Gruppe A ☐ soll ☐ sollst ☐ sollt das Lied üben und Gruppe B den Text.

2. ● Ihr ☐ soll ☐ sollt ☐ sollen das Zimmer aufräumen.

   ○ Wer hat das gesagt?

3. ● Wo sind Kim und Marie?

   ○ Herr Heringer hat gesagt, sie ☐ soll ☐ sollt ☐ sollen zum Hausmeister gehen.

4. ● Was hat Frau Bauer gesagt? Was ☐ soll ☐ sollst ☐ sollen ich machen?

   ○ Oh Mann! Sie hat gesagt, du ☐ soll ☐ sollst ☐ sollen besser zuhören.

online 3 **b** **Ergänze die Tabelle.**

sollen					
ich	du	er/es/sie	wir	ihr	sie/Sie
			sollen		

c **Formuliere Sätze mit sollen.**

Bring den Müll weg!

Besuch Oma!

Räum dein Zimmer auf!

Lern die Vokabeln!

Kauf ein!

Hilf Leo bei den Hausaufgaben!

1. Kim soll ihr Zimmer aufräumen. _____

2. _____

3. _____

4. _____

5. _____

6. _____

d **Welches Modalverb passt? Ergänze in der richtigen Form.**

1. ● Wir üben heute für den Wettbewerb. _____ (wollen/sollen) du auch kommen?

   ○ Ich _____ (müssen/können) leider nicht kommen. Ich _____ (müssen/dürfen) heute Nachmittag mit meiner Schwester lernen.

2. ● Herr Holzmann hat gesagt, wir _____ (dürfen/sollen) das Gedicht üben.

   ○ Was? Aber wir _____ (müssen/wollen) auch die Hausaufgaben machen.

3. ● Wie lange _____ (dürfen/müssen) du auf dem Schulfest bleiben?

   ○ Meine Eltern haben gesagt, ich _____ (wollen/sollen) um neun Uhr zu Hause sein.

4 **a** **Auf Komplimente reagieren – Ergänze die Antworten.**

1. Du sprichst echt gut Deutsch. F __ n __ e __ __ __ d __ w __ __ __ __ __ __ __ __ ?

2. Du bist wirklich lustig. D __ __ __ __ e. D __ a __ c __!

3. Du kannst so gut malen. E __ __ t? Danke!

4. Du bist echt cool. Oh, d __ __ i __ __ n __ __ __!

b **Interview mit Janina – Lies zuerst die Sätze 1-5. Du hast dafür eine Minute Zeit. Hör dann das Interview und löse die Aufgaben beim Hören. Kreuze bei jeder Aufgabe (1–5) an: Richtig oder falsch? Danach hörst du das Interview noch einmal.**

Janina Strauss ist 14 Jahre alt, geht in die 8. Klasse am Gymnasium und hat ein großes Talent: Sie spielt schon acht Jahre Klarinette – und das richtig gut. Sie ist auch Klassensprecherin. Du hörst ein Interview mit ihr.

Du verstehst nicht jedes Wort? Keine Panik! Zum Lösen der Aufgaben muss man nicht jedes Wort verstehen.

Tipp!

	richtig	falsch
1. Musik ist in Janinas Familie sehr wichtig.	☐	☐
2. Janina hat vor Konzerten immer Angst.	☐	☐
3. Die Schule ist für Janina kein Problem.	☐	☐
4. Janina liebt den Musikunterricht in der Schule.	☐	☐
5. Sie hilft anderen gern und möchte deshalb später als Lehrerin arbeiten.	☐	☐

5 **a** **Was passt zusammen? Verbinde.**

1. Ich bin wütend. A Ich freue mich.
2. Ich bin froh. B Ich traue mich nicht.
3. Ich habe Angst. C Ich ärgere mich.
4. Ich sage: Es tut mir leid. D Ich beeile mich.
5. Ich gehe ganz schnell. E Ich entschuldige mich.

b **Was passt? Ergänze die Verben und ordne die Bedeutung zu.**

✦ ent ✦ halten ✦ aus ✦ bereiten ✦ ten ✦

1. sich vor_____ A wütend auf jemanden sein

2. sich _____ruhen B mit jemandem reden

3. sich strei_____ C üben

4. sich unter_____ D etwas auswählen

5. sich _____scheiden E chillen

6 **a** **Welches Pronomen passt? Ergänze.**

1. ich freue __mich_____ 4. wir beeilen _____

2. _____ ärgerst dich 5. _____ traut euch

3. er entschuldigt _____ 6. sie unterhalten _____

b **Ergänze das passende Pronomen in den Dialogen.**

1. ● Hey, was ist mit dir und Luisa los?

   ○ Wir haben uns gestritten. Aber Luisa hat _____ heute entschuldigt.

2. ● Freut ihr _____ schon? Das Casting ist ja bald.

   ○ Ja, aber wir müssen _____ noch gut vorbereiten.

3. ● Was ist mit Leni?

   ○ Sie kann _____ nicht entscheiden. Sie findet beide Kleider schön.

   ● Aber, wir müssen _____ jetzt wirklich beeilen. Der Bus kommt gleich. Sie soll schnell machen.

4. ● Ärgere _____ nicht. Das nächste Mal hast du sicher wieder eine 2 in Mathe.

   ○ Du hast recht, sich ärgern hilft auch nicht.

c **Ordne und schreib die Sätze.**

1. Ihr – jetzt wirklich – euch – müsst – beeilen – .   *Ihr müsst euch jetzt wirklich beeilen.*

2. Er – Angst – hat – und – sich – traut – nicht – .   _____

3. Mia – sich – hat – heute in der Schule – geärgert – .   _____

4. Max und Mia – unterhalten – in der Mensa – sich – .   _____

5. Paula – zu spät – deshalb – sich – ist – sie – entschuldigen – will – .   _____

6. Die Jugendlichen – wollen – gut – vorbereiten – sich – .   _____

7 **a** **Sag mal ... Langes oder kurzes e? – Lies leise und kreuze an. Hör dann zur Kontrolle.**
oder Hör und kreuze an.

(1.13)

1. F**e**rien   lang ☐ kurz ☐   4. der W**e**ttbewerb   lang ☐ kurz ☐

2. sich **e**ntscheiden   lang ☐ kurz ☐   5. der Dez**e**mber   lang ☐ kurz ☐

3. der T**e**st   lang ☐ kurz ☐   6. s**e**hen   lang ☐ kurz ☐

b **Arbeitet zu zweit. Sprecht abwechselnd kurze Sätze mit den Wörtern aus 7a. Der Partner /
Die Partnerin achtet auf die Betonung.**

Wann sind endlich Ferien?

Emil muss sich jetzt schnell entscheiden.

8 **a** **Lies den Artikel in Aufgabe 8b im Kursbuch und ordne die Informationen wie im Artikel.**

	Millionen Fans abonnieren die Kanäle und sehen die Videos.
1.	Viele Jugendliche nutzen oft soziale Netzwerke wie Youtube.
	Youtube-Stars verdienen viel Geld mit Werbung für Produkte.
	Jugendliche mögen Youtuber heute oft lieber als Musiker oder Sportler.
	Youtuber drehen Videos zu Mode, Computerspielen, Musik und mehr.

b Welches Verb passt? Markiere.

1. Viele Jugendliche folgen/haben ein eigenes Profil in einem sozialen Netzwerk.
2. Viele Youtuber sind sehr bekannt und haben/abonnieren viele Follower und Fans.
3. Die Youtuber drehen/sehen ihre Videos zu Hause.
4. In den Videos machen/geben sie Tipps zu Themen wie Beauty oder Backen.
5. Die Fans sehen/abonnieren die Youtube-Kanäle.
6. Die Stars zeigen/drehen in ihren Videos Produkte und machen so Werbung.

c Internationale Wörter – Ergänze die Erklärungen.

✦ Kontakt ✦ Fan ✦ Profil ✦ Star ✦

1. eine berühmte Person total gut finden – ein _____ von ihr sein

2. sehr berühmt und bekannt sein – ein _____ sein

3. Nachrichten schreiben und bekommen – _____ zu anderen haben

4. eine Seite mit Informationen zur Person (Name, Hobbys …) auf Instagram haben – ein

   _____ auf Instagram haben

9 a Eine Youtuberin aus Deutschland – Lies die Informationen und verbinde.

Allgemeine Informationen

1. **Name**	A über 5 Millionen
2. **Sprache**	B BibisBeautyPalace
3. **Themen**	C Deutsch
4. **Kanal**	D 2012
5. **aktiv seit**	E Bianca Claßen
6. **Abonnenten**	F Lifestyle, Kosmetik, Comedy

b Ergänze den Text. Die Informationen aus 9a helfen.

Die _____ (1) Bianka Claßen ist in Deutschland sehr berühmt. Ihr _____ (2)

heißt BibisBeautyPalace. Sie macht Videos zu den _____ (3) Lifestyle, Kosmetik und

Comedy. Den Kanal gibt es schon seit _____ (4). Mehr als 5 Millionen Menschen haben ihn

_____ (5).

10 a In der Freizeit – Lies die Texte von zwei Jugendlichen. Wer sagt was? Kreuze an.

Paul, 14

Nach den Hausaufgaben lese ich viel, am liebsten mag ich Fantasy-Bücher. Ich spiele auch gern Computer und bin oft am Handy. Radio höre ich fast nie und ich lese nur selten Zeitung. Ich bin jeden Tag etwa zwei Stunden mit dem Handy oder mit dem Computer im Internet. Meistens sehe ich Videos, am liebsten Let's Plays. Ich chatte mit meinen Freunden oder spiele mit ihnen im Netz.

Isabel, 15

In meiner Freizeit sehe ich gern fern. Bücher lese ich nur für die Schule. Das macht mir keinen Spaß. Ich mag auch keine Computerspiele. Ich bin viel online, drei bis vier Stunden am Tag. Meist chatte ich mit Freundinnen oder sehe mir auf dem Handy DIY-Videos an. Oft mache ich die Sachen dann selbst, zum Beispiel backen. Ich nutze das Internet auch zum Lernen und ich sehe gern Filme.

	Paul	Isabel
1. Mein Handy, den Computer und Bücher nutze ich oft.	☐	☐
2. Ich mag Fernsehen.	☐	☐
3. Ich lese nur selten.	☐	☐
4. Ich bin jeden Tag zwei Stunden online.	☐	☐
5. Ich schreibe anderen oft und bekomme Nachrichten.	☐	☐
6. Im Netz sehe ich gern Videos oder ich mache etwas für die Schule.	☐	☐

b Medien in deiner Freizeit – Schreib einen kurzen Text. Die Beispiele in 10a helfen.

> In meiner Freizeit nutze ich oft ...

11 Erlaubt oder nicht? Ergänze die Sätze.

A Hier _darf_ man nicht fotografieren. Es ist _verboten_ .

B Sprechen ist hier nicht _____. Wir _____ leise sein.

C Hier _____ du telefonieren. Es ist _____.

D Essen und Trinken ist hier _____.

E Hier _____ihr Rad fahren. Es ist nicht _____.

12 Lernen – üben – spielen. Arbeitet zu zweit. Erlaubt oder verboten? Person 1 wählt etwas aus der Liste und fragt. Person 2 wirft eine Münze und antwortet (Kopf = erlaubt, Zahl = verboten).

online
5

- allein mit Freunden ins Konzert gehen
- allein zu Verwandten reisen
- bis 24:00 Uhr ausgehen
- am Wochenende bis zum Mittagessen schlafen
- am Wochenende oft bei Freunden schlafen
- Filme/Serien ab 16 sehen
- jeden Tag Chips und Süßigkeiten essen

> Darfst du allein mit deinen Freunden ins Konzert gehen?

> Nein, leider darf ich nicht. Meine Eltern haben es verboten.

> Ja, meine Eltern erlauben das.

Perfekt

1.14

Hör die Gespräche und ergänze die Verbformen im Perfekt.

1. ● Und, weißt du jetzt welche AG du machst?

   ○ Ja, ich _____ mich _____. Ich mache die Zirkus-AG, und was willst du machen?

2. ● Wo ist eigentlich Armir?

   ○ Den habe ich gerade an der Bushaltestelle gesehen. Er _____ sich mit Eveline _____. Er kommt sicher gleich.

3. ● Was ist denn los, warum sagt Tina nichts und geht weg?

   ○ Wir _____ uns gestern _____. Das war echt doof. Ich muss mich bei ihr entschuldigen.

> Ab jetzt findest du in jedem Kapitel eine Übung zu den unregelmäßigen Perfektformen. Lerne die Formen auswendig!
>
> Tipp!

Wichtige Wörter

Seite 23

der **Preis**, -e _____

die Jury, -s _____

der Kandidat, -en _____

die Kandidatin, -nen _____

der Moderator, -en _____

die Moderatorin, -nen _____

musizieren _____

das Publikum _____

die Show, -s _____

Fragen stellen _____

das Talent, -e _____

der **Wettbewerb**, -e _____

wissen (weiß, hat
gewusst) _____

die Akrobatik _____

besondere, -r _____

das Forschungsprojekt,
-e _____

das **Instrument**, -e _____

die Theatergruppe, -n _____

das **Stück**, -e _____

der Teilnehmer, - _____

die Teilnehmerin, -nen _____

der **Workshop**, -s _____

Seite 24

mit|machen _____

bekommen _____

das Casting, -s _____

der Gewinner, - _____

die **Hilfe**, -n _____

der Klassensprecher, - _____

die Klassensprecherin,
-nen _____

möglich _____

der **Raum**, Räume _____

die Organisation _____

organisieren _____

zaubern _____

der Helfer, - _____

die Helferin, -nen _____

das **Datum**, Daten _____

der **Ausflug**, Ausflüge _____

die Klassen**party**, -s _____

das **Team**, -s _____

statt|finden (findet statt,
hat stattgefunden) _____

Seite 25

der Auftritt, -e _____

dekorieren _____

ein|laden (lädt ein, hat
eingeladen) _____

planen _____

sollen (soll, hat gesollt/
sollen) _____

das Kompliment, -e _____

talentiert _____

üben _____

wirklich _____

witzig _____

Seite 26

sich ärgern _____

sich aus|ruhen _____

sich beeilen _____

sich entscheiden
(entscheidet, hat
entschieden) _____

sich entschuldigen _____

sich streiten (streitet,
hat gestritten) _____

sich freuen _____

sich trauen _____

das Cello, Celli _____

doch (Mach doch
einfach mit!) _____

einfach _____

sich fühlen _____

klappen (Das Tanzen
klappt gut.) _____

skaten _____

sich unter|halten
(unterhält, hat unterhalten) _____

vor|bereiten _____

sich setzen _____

Seite 27

an|fangen *(fängt an, hat angefangen)* _____

das **Sofa**, -s _____

aus|breiten _____

klatschen _____

Seite 28

abonnieren _____

bedeuten _____

der **Fan**, -s _____

der Follower, - _____

die Followerin, -nen _____

der Kanal, Kanäle _____

liken _____

das soziale Netzwerk, -e _____

der Youtuber, - _____

aktuell _____

der **Tipp**, -s _____

begründen _____

berühmt _____

besonders _____

dabei *(Die Fans sind immer dabei.)* _____

drehen *(ein Video drehen)* _____

folgen _____

die Klamotte, -n _____

der **Kontakt**, -e _____

die **Kosmetik** _____

der **Laptop, -s** _____

der Lebensstil, -e _____

die Million, -en _____

mindestens _____

der **Musiker**, - _____

die **Musikerin**, -nen _____

das **Produkt**, -e _____

der **Schauspieler**, - _____

die **Schauspielerin**, -nen _____

schminken _____

das Smartphone, -s _____

der **Star**, -s _____

das **Tablet**, -s _____

testen _____

das Vorbild, -er _____

die Werbung, -en _____

der **Witz**, -e _____

schließen *(schließt, hat geschlossen)* _____

aktiv _____

das Netz, -e _____

Seite 29

das Medium, Medien _____

chatten _____

das **E-Book**, -s _____

das **Gerät**, -e _____

herunter|laden *(lädt herunter, hat heruntergeladen)* _____

die Mediennutzung _____

selten _____

im Internet **surfen** _____

die **Webseite**, -n _____

erlauben _____

die **Erlaubnis** _____

das Profil, -e _____

verbieten *(verbietet, hat verboten)* _____

das **Verbot**, -e _____

Was kann ich?

1 **Ich kann über Daten und Termine sprechen.** ☺ ☺ ☹
→ KB/ÜB A2

> Welcher Tag ist heute?

> Heute ist der …

> Wann hast du Geburtstag?

> Ich habe am … Geburtstag.

2 **Ich kann anderen Komplimente machen und auf Komplimente reagieren.** ☺ ☺ ☹
→ KB/ÜB A4

1. ● Du _____ echt sportlich.

   ○ Findest du wirklich? Danke.

2. ● Ich finde, du _____ malen. Deine Bilder sind toll.

   ○ Oh, _____, danke.

3. ● Ich _____ dich total nett.

   ○ _____? Ich dich auch.

3 **Ich kann über Erlaubnisse und Verbote sprechen.** ☺ ☺ ☹
→ KB/ÜB A11

> Ich darf … Meine Eltern …

> Ich darf nicht … Meine Eltern haben …

> Wir dürfen in der Schule nicht … Es ist …

So lerne und übe ich

4   **Ich lese zuerst die Aufgaben und achte beim Hören auf Schlüsselwörter.** ☐ manchmal ☐ oft ☐ nie

1.15

Stars auf YouTube

> Julien Bam ist mein Lieblingsstar auf Youtube. Auf seinem Kanal kann ich jede Woche neue **Musik und Tanzvideos** sehen. Er singt und tanzt super. Die Videos sind auf **Deutsch** und total lustig.
>
> Den Kanal gibt es schon lange. **2012** hat Julien Bam die ersten Videos gemacht. Heute haben mehr als **5 Millionen** Leute seinen Kanal **abonniert**. Jetzt möchte ich euch noch mehr über den Youtuber erzählen, zuerst …

Name des Kanals:	Julien Bam
Themen der Videos:	
Sprache:	
aktiv seit:	
Abonnenten:	

Sprechen Teil 1

1

a Fragen zur Person – Lies die Fragen und die Antworten zu der Karte. Was passt zusammen? Ordne zu.

> Fragen zur Person
>
> ## Sprachen?

1. ____ Welche Sprachen sprichst du?

    A Koreanisch finde ich interessant. Ich liebe koreanische Pop-musik und finde das Land sehr spannend. Aber ich glaube, die Sprache ist zu schwer für mich.

2. ____ Warum lernst du Deutsch?

    B Ich lebe in Spanien, Spanisch ist also meine Muttersprache. Das ist praktisch, denn man spricht diese Sprache in vielen Ländern.

3. ____ Was ist deine Muttersprache?

    C Ich habe Deutsch gewählt, denn ich möchte später ein paar Monate in Deutschland leben und dort in eine Schule gehen, zum Beispiel in Hamburg. Die Stadt finde ich interessant.

4. ____ Welche Sprache möchtest du gern lernen?

    D Ich spreche Türkisch als Muttersprache und ich lerne Eng-lisch und Deutsch in der Schule. Deutsch finde ich schwer. Englisch macht mir viel Spaß.

b Sammelt in der Klasse Fragen zum Thema *Schule* und schreibt sie an die Tafel.

> Fragen zur Person
>
> ## Schule?

> Gehst du gern zur Schule?
> In welche Klasse gehst du? ...

> Die Frage muss zum Thema „sich vor-stellen" und zum Wort auf der Karte passen. In der Frage muss das Wort auf der Karte aber nicht vorkommen.

Tipp!

c Formuliert in der Klasse Antworten zu den Fragen aus 1b. Seht euch als Beispiel auch noch einmal die Antworten aus 1a an.

> Gehst du gern zur Schule?

Ja, ich gehe gern zur Schule. Ich mag nicht alle Fächer, aber meine Noten sind okay. Ich treffe jeden Tag meine Freunde und die meisten Lehrer sind nett.

> In welche Klasse gehst du?

Ich bin 15 und gehe in die ...

> **Strategie**
>
> Antworte in der Prüfung nicht nur mit einem Satz. Antworte mit zwei bis drei Sätzen zu jeder Frage.

d Lies die Wörter auf den Karten. Schreib zu jeder Karte eine Frage ins Heft.

> Fragen zur Person
>
> ## Geschwister?

> Fragen zur Person
>
> ## Hobbys?

e Tausch das Heft mit einem Partner / einer Partnerin. Schreib die Antworten zu seinen/ihren Fragen.

f Vergleicht Fragen und Antworten in der Klasse.

g **Jetzt wie in der Prüfung:**

Du bekommst vier Karten und stellst mit diesen Karten vier Fragen. Dein Partner/deine Partnerin antwortet. Dann stellt dein Partner/deine Partnerin vier Fragen und du antwortest.

Fragen zur Person	Fragen zur Person
Tiere?	**Wohnort?**

Fragen zur Person	Fragen zur Person
Fächer?	**Sprachen?**

Fragen zur Person	Fragen zur Person
Freunde?	**Freizeit?**

Fragen zur Person	Fragen zur Person
Geburtstag?	**Land?**

Strategie

Das Thema in diesem Teil heißt immer „Fragen zur Person". Die Stichwörter sind ähnlich. Überlege vor der Prüfung: Was kannst du zu den Stichwörtern aus 1a bis g über dich sagen? Gute Vorbereitung macht dich sicher.

In der Prüfung ziehst du vier Karten. Du kannst nicht wählen. Du hast kurz Zeit und kannst die Wörter lesen.

Tipp!

Hören Teil 1

2 **a** **Lies die Aufgabe, hör dann die Durchsage und kreuze die richtige Antwort an.**

 1.16

Welche Schüler sollen in die Sporthalle gehen? Alle Schüler …

- [a] aus der Klasse von Frau Talmann.
- [b] mit Fragen zum Casting.
- [c] aus der Zirkus-AG.

b **Lies jetzt die Durchsage. Ist deine Antwort in a richtig? Kontrolliere.**

Achtung! **Schülerinnen und Schüler** der **Klassen** fünf bis zehn! Wollt ihr beim Talentwettbewerb mitmachen? Dann kommt um 14:00 Uhr in die Sporthalle. **Frau Talmann** und Herr Pfeiffer informieren über das **Casting** für den Wettbewerb und beantworten eure Fragen. Die **Zirkus-AG** findet heute nicht statt. Ende der Durchsage.

Strategie

Achtung! Alle Schlüsselwörter aus den Antworten kommen in den Texten vor, aber nur eine Antwort ist richtig. Lies vorher genau. Du hast für jede Aufgabe 15 Sekunden Zeit zum Lesen.

 1.17 **c** **Lies die Aufgabe, hör dann und kreuze die richtige Antwort an. Hör dann noch einmal zur Kontrolle.**

Strategie

Du hörst die Texte immer zweimal. Kontrolliere beim zweiten Hören deine Lösung.

Was sagt Julie zum Thema Mediennutzung?

- [a] Sie mag keine Bücher und Zeitschriften.
- [b] Sie schickt mit dem Handy Nachrichten an Freunde.
- [c] Sie spielt Computerspiele am Laptop.

d   Jetzt wie in der Prüfung:

Du hörst **fünf** kurze Texte. Du hörst jeden Text **zweimal**.

Wähle für die Aufgaben 1 bis 5 die richtige Lösung a, b oder c.

1 Die Schüler aus den Klassen acht bis zehn sollen …

   a   am Nachmittag zum Sportfest kommen.

   b   bis zum 26. Mai ihre Sportarten wählen.

   c   zu den Sportlehrern gehen.

2 Jenny ist sauer, denn Nele …

   a   hat ihrer Mutter geholfen.

   b   kommt oft zu spät.

   c   war nicht ehrlich.

3 Ein Mädchen dankt für …

   a   eine Tasche.

   b   ein Handy.

   c   Fotos.

4 Wie bekommt man Informationen zum Sprachcamp?

   a   Man geht zum Büro von Radio Cora.

   b   Man schreibt eine E-Mail an Radio Cora.

   c   Man telefoniert mit dem Büro von Radio Cora.

5 Ein Junge möchte wissen: Kann Lennart … für das Casting proben?

   a   am Freitag

   b   am Samstag

   c   am Sonntag

Lesen Teil 1

3

a   Lies den Anfang von einem Artikel und kreuze die richtige Antwort an.

Yodahe bringt Bewegung in den Tag

Ein neues Fitnessprogramm für alle **Sport**-Fans. Du trainierst bequem von zu Hause ohne teure Kurse. Denn mit der Fitness-**App Yodahe** ist das **Handy** dein Trainer. **Yodahe**  **macht** dich **fit** in nur **fünfzehn** Minuten pro **Tag**. Die **App** kannst du 30 **Tage kostenlos** testen und danach für 7,95 Euro kaufen.

Yodahe …

   a   ist eine Sport-App für das Handy.

   b   kostet nichts.

   c   macht alle in 15 Tagen fit.

Strategie

Schlüsselwörter aus den Aufgaben stehen ähnlich im Text. Lies die Aufgabe. Suche dann im Text nach den Schlüsselwörtern oder Wörtern mit ähnlicher Bedeutung. Lies diesen Textteil genau.

Du liest in einer Zeitung diesen Text.
Wähle für die Aufgaben 1 bis 5 die richtige Lösung ⓐ, ⓑ oder ⓒ.

Parkour

Parkour ist eine besondere Art der Bewegung von einem Ort zu einem anderen. Der Sport kommt aus Frankreich, ist aber heute in vielen Ländern bekannt und sehr beliebt. Trainieren kann man immer und fast überall.

Man klettert und springt durch die Stadt oder den Park. Einen Sportplatz, Geräte oder eine Halle braucht man nicht.

Parkour sieht einfach und cool aus. Leicht ist es aber nicht. Du kannst die Bewegungen nicht einfach in Youtube-Videos sehen und dann gleich selbst machen. Du musst sehr viel trainieren, denn ohne Technik sind die Figuren sehr gefährlich und du kannst dich leicht verletzen.

Parkour-Training

Am besten trainierst du in einer Gruppe. So kannst du von anderen lernen und das Training macht mehr Spaß. Aber du musst nicht in einem Verein trainieren. Du kannst andere Parkour-Fans auf Plätzen in der Stadt oder im Park treffen.

Ein Sport für alle Altersgruppen

Man kann in jedem Alter mit Parkour anfangen. Aber besonders Jugendliche finden diesen Sport toll. Kinder können noch nicht alle Bewegungen und Figuren machen. Für alte Menschen ist das Training vielleicht zu anstrengend. Junge Leute können Parkour besser lernen.

Parkour hat einen großen Vorteil: Es ist nicht teuer, denn man braucht keine besonderen Sachen wie Trikots oder Sportschuhe. Die Kleidung muss nur bequem sein und zur Jahreszeit passen. Eine Flasche Wasser muss man bei jedem Training dabeihaben, denn Parkour ist wirklich anstrengend.

Beispiel

0 Parkour …

- ⓐ ist eine bestimmte Bewegung an einem Ort.
- ⓑ ist nur in Frankreich beliebt.
- ☒ kann man zu jeder Zeit machen.

1 Parkour trainiert man …

- ⓐ auf dem Sportplatz.
- ⓑ in der Sporthalle.
- ⓒ in der Stadt oder im Park.

2 Die Bewegungen beim Parkour …

- ⓐ brauchen Übung und eine gute Technik.
- ⓑ lernt man leicht mit Youtube-Videos.
- ⓒ sehen schwer und anstrengend aus.

3 Man trainiert Parkour am besten …

- ⓐ im Stadtpark.
- ⓑ in einem Verein.
- ⓒ mit anderen zusammen.

4 Parkour …

- ⓐ dürfen Kinder nicht trainieren.
- ⓑ lernen junge und alte Menschen leicht.
- ⓒ mögen besonders Jugendliche.

5 Man braucht für das Training …

- ⓐ besondere Kleidung.
- ⓑ genug Wasser.
- ⓒ teure Schuhe.

1

online
1

a **Welches Verb passt? Sieh die Bilder an und ordne die Verben zu.**

✦ schreien ✦ wegbringen ✦ spielen ✦ haben ✦ ~~haben~~ ✦ tanzen ✦ kriegen ✦ lösen ✦ sammeln ✦

Küchendienst _haben_____

einen Schreck _____

Holz _____

Angst vor Spinnen _____

laut _____

ein Spiel _____

eine Aufgabe _____

komisch _____

Geschirr _____

b **Suche Wörter in der Wortschlange und ergänze die Sätze mit den Wörtern. Zwei Wörter bleiben übrig.**

TEAMWALDEKLIGGEWINNENPEINLICHHOLZZUSAMMENRUNTERFALLENANGST

1. ● Kyra findet Spinnen total _____.

   ○ Ich auch. Ich habe _____ vor Spinnen.

2. ● Pass auf, das Geschirr kann ganz leicht _____.

   ○ Ich passe ja auf!

3. ● Wir haben ein Spiel gespielt. Unser _____ hat leider verloren.

   ○ Oh, schade. Na ja, man kann nicht immer _____.

4. ● Weißt du noch? Letztes Jahr haben wir alle _____ auf dem Schulfest Lieder gesungen.

   ○ Ach ja, das war so _____!

2 a Was packst du für die Klassenfahrt ein? Ergänze die Artikel.

_____ Bikini   _____ Chips   _____ Schokolade   _____ Wasser   _____ Musik

_____ T-Shirt   _____ Regenjacke   _____ Buch   _____ Karten   _____ Jeans

_____ Pullover   _____ Geld   _____ Saft   _____ Süßigkeiten

b Sortiere die Wörter aus 2a in Gruppen. Vergleicht zu zweit und schreibt zu jeder Gruppe zwei weitere Wörter mit Artikel.

Freizeit

Essen und Trinken

Kleidung

c Oles Unfall - Ergänze den Text.

✦ Arzt ✦ verletzt ✦ Spritze ✦ weh ✦ Verband ✦

Hey, ich hatte einen Unfall und mein Fuß ist _____ (1). Er tut echt _____ (2). Ich war

beim _____ (3). Ich habe eine _____ (4) und einen _____ (5) bekommen ☹

3 a Mia und Sinan packen ein – Warum nehmen sie diese Sachen mit? Hör und kreuze an. Manchmal gibt es mehrere Möglichkeiten.

1. Sinan nimmt Joggingschuhe mit,

   a weil er sie für eine Wanderung braucht.
   b weil er morgens laufen will.
   c weil er nur diese Schuhe hat.

2. Mia packt eine Regenjacke ein,

   a weil sie die Farbe mag.
   b weil das Wetter schlecht ist.
   c weil sie leicht ist.

3. Sinan nimmt sein Buch mit,

   a weil er die Geschichte toll findet.
   b weil er im Bus gerne liest.
   c weil er es für Deutsch lesen muss.

b Was passt zusammen? Ordne zu.

1. ____ Die Klasse fährt mit dem Bus.   A Florian spielt Gitarre.

2. ____ Clara und Mia spielen im Bus Karten.   B Sie lieben das Spiel.

3. ____ Die Schüler haben keinen Unterricht.   C Sie fahren an einen See.

4. ____ Alle nehmen Bikinis und Badehosen mit.   D Sie sind auf Klassenfahrt.

5. ____ Am Abend gibt es tolle Musik.   E Die Zugtickets sind zu teuer.

c Verbinde die Sätze aus 3b mit weil.

Die Klasse fährt mit dem Bus, weil die ...

d **Schreib Antworten auf die Fragen.**

1. ● Warum warst du nicht in der Schule?

   ○ _Weil ich Zahnschmerzen hatte._ _____ (Zahnschmerzen haben)

2. ● Warum kommst du nicht mit ins Kino?

   ○ _____ (kein Geld haben)

3. ● Warum hast du mich heute Morgen nicht angerufen?

   ○ _____ (lange schlafen)

4. ● Warum gehst du nicht zur Party?

   ○ _____ (Physik lernen müssen)

5. ● Warum hast du so gute Laune?

   ○ _____ (morgen mit dem Reiten anfangen)

4

a **Über einen Ausflug berichten. Lies die Tabelle mit den Redemitteln. Markiere dann die Ausdrücke in der passenden Farbe.**

✦ Die Leute waren nett / sehr freundlich / lustig / nicht so nett / ... ✦ Ich habe (viel) Sport gemacht: schwimmen, ... ✦ ... war sehr interessant/spannend/langweilig/blöd ✦ Ich habe neue Leute / einen Jungen / ein Mädchen / ... getroffen. ✦ Wir waren in der Stadt / am See / am Meer / in den Bergen ... ✦

sagen, wohin ich gefahren bin	berichten, was ich erlebt habe	sagen, wie mir etwas gefallen hat
Wir sind mit dem Zug/Auto ... nach ... gefahren.	Wir haben ein/e/n ... besucht/gesehen ...	... hat mir super / ganz gut / nicht so gut ... gefallen.
Im Sommer/April/... war ich in ...	... hat viele Museen/Parks/ Geschäfte ...	... hat mir (sehr) gut / gar nicht geschmeckt.
	Wir haben eine Wanderung/ Shoppingtour / Stadtführung ... gemacht.	

b **Sina hat einen Ausflug mit ihren Eltern gemacht. Sieh die Fotos an und schreib je einen Satz zu jedem Foto.**

A

B

C

Super, es geht los!

Wow! So viele Sehenswürdigkeiten.

Hm ... Sachertorte! Lecker!

A Wir sind mit dem ...

5 a Was muss, kann oder darf man in der Jugendherberge machen? Schreib die Verben richtig.

1. den Tisch _____ (dekecn)

2. die Betten _____ (bhieeezn)

3. die Zimmer _____ (aueurfmän)

4. am Kicker _____ (peeilns)

5. Sportgeräte an der Rezeption _____ (lheein)

6. im Partyraum _____ (eenrif)

7. auf dem Grillplatz ein Lagerfeuer _____ (hnamec)

8. ab 22 Uhr leise _____ (ensi)

9. den Müll _____ (wgibegernn)

online 4

b *Müssen wir ...? Nein, aber ...* **Schreib Antworten wie im Beispiel. Die Hausordnung aus Aufgabe 5 im Kursbuch hilft.**

1. ● Müssen wir in der Jugendherberge kochen?

   ○ Nein, aber ihr müsst *die Tische decken und saubermachen.* _____

2. ● Können wir in der Jugendherberge Basketball spielen?

   ○ Ja, ihr könnt _____

3. ● Dürfen wir in unseren Zimmern feiern?

   ○ Nein, aber ihr_____

4. ● Müssen wir ab 22 Uhr schlafen?

   ○ Nein, aber ihr _____

c Was darf, muss oder darf man nicht tun? Erkläre die Schilder mit einem Satz.

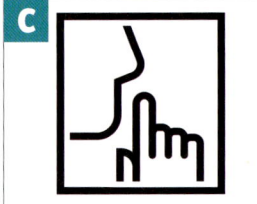

_Hier darf man nicht_____ _____ _____ _____

_____ _____ _____ _____

_____ _____ _____

_____ _____ _____

6 **a** **Auf Klassenfahrt – Welche Form ist richtig? Kreuze an.**

online
5

1. Bei der Stadtrallye ☐ sollten ☐ sollte die Freunde
   Aufgaben lösen und Orte finden.

2. Wir ☐ musste ☐ mussten die Tische abräumen
   und sauber machen.

3. Jannik hatte Angst vor einer Spinne und
   ☐ wollte ☐ wolltet nicht weiter Holz sammeln.

4. Am Donnerstag ☐ durften ☐ durftet die Freunde
   eine Party machen.

5. Sinan, ☐ wollte ☐ wolltest du Gespenst spielen?

6. Frau Müller hat getanzt, aber das ☐ konnten ☐ konnte sie nicht so gut.

b **Ergänze das Modalverb in der richtigen Form.**

● Und du, Ole? _Musstest_ (1, müssen) du in die Schule gehen oder _____ (2, dürfen) du zu
Hause bleiben?

○ Ich _____ (3, dürfen) am Montag und am Dienstag noch zu Hause bleiben. Aber am Mittwoch _____ (4, können) ich schon wieder ein bisschen laufen und _____ (5, müssen) wieder in die Schule gehen. Ich _____ (6, müssen) in die Klasse 8c.

● Und wie war es in der 8c?

○ Ganz okay. In Deutsch _____ (7, sollen) wir
das Buch „Nathan und seine Kinder" lesen.

● Ehrlich? Das _____ (8, müssen) wir ja schon
letzten Monat lesen. Dann warst du sicher richtig gut und
_____ (9, können) alle Fragen beantworten.

○ Ja, genau! Aber in Bio und Physik sind sie schon viel weiter.
Oh Mann …

7 **a** **Welches Modalverb passt? Ergänze.**

✦ musste ✦ musste ✦ durftest ✦ mussten ✦ konnten ✦ ~~konnte~~ ✦ wollte ✦

Hi Dana, ich _Konnte_ (1) gestern leider nicht zur Party kommen. Ich _____ (2)
meinem Bruder Jan helfen. Meine Mutter _____ (3) das. Jan ist heute auf
Klassenfahrt gefahren und er _____ (4) noch seinen Koffer packen. Der Koffer
war total voll. Wir _____ (5) ihn nicht schließen. Also _____ (6)
wir einige Sachen wieder auspacken. Das hat so lange gedauert. Und du? Wie lange
_____ (7) du auf der Party bleiben? Schreib mir alles.
LG Kathi

b **Sieh die Situationen auf der Klassenfahrt an. Was war da los? Schreib zu jeder Situation Sätze in dein Heft. Die Ausdrücke helfen.**

✦ am Automaten Getränke kaufen ✦ kaputt sein ✦ zu dritt im Zimmer schlafen ✦ nur zwei Betten im Zimmer sein ✦ Feuer machen ✦ Lehrer haben es verboten ✦ auf den Berg wandern ✦ müde sein ✦

Ida, Ella, Lena

Max, Joscha

Daniel, Sara

die Jugendlichen

A Ida, Ella und Lena wollten zu dritt im Zimmer schlafen, aber sie konnten nicht. Im Zimmer waren …

DSD I **c** **Schulausflug – Lies den Text und die Aufgaben (1–5). Kreuze bei jeder Aufgabe an: richtig oder falsch?**

Markiere in den Aufgaben wichtige Wörter. Lies dann den Text ganz genau.

Tipp!

An unserer Schule gibt es zweimal im Jahr einen Schulausflug. Der erste Ausflug findet im Herbst oder kurz vor Weihnachten statt und der zweite kurz vor den Sommerferien. Jede Klasse hat ein anderes Ziel. Beliebte Ziele sind der Freizeitpark Ruhpolding, die Kletterinsel Fürstenfeld, Moonlight Minigolf und viele andere. Die Schülerinnen und Schüler aus der 8. Klasse machen im Sommer normalerweise immer einen Ausflug an den Schliersee. Sie fahren mit der Bahn und nehmen ihre Fahrräder mit. Sie fahren dann mit dem Rad einmal um den See. Das sind ca. 10 km. „Das ist gar nicht so weit. Und es macht total viel Spaß. Außerdem müssen wir nicht in der Schule sitzen", erzählt eine Schülerin aus der Klasse 8b. Sie hat den Ausflug mit ihrer Klasse letztes Jahr schon gemacht. Die Klassen besuchen bei diesem Ausflug auch das Markus-Wasmeier-Museum in Fischhausen. Dort können die Schülerinnen und Schüler sehen, wie die Menschen vor 100 bis 300 Jahren gelebt haben. Das ist für alle immer sehr interessant. Außerdem können sie nach dem Besuch im Museum im See schwimmen, Eis essen und Boote ausleihen.

Die Schulausflüge beginnen meistens um 8 Uhr. Spätestens zwischen 17 und 18 Uhr sind die Schülerinnen und Schüler dann wieder zurück an der Schule.

	richtig	falsch
1. Die Schüler und Schülerinnen fahren jedes Jahr zweimal mit der Klasse weg.	☐	☐
2. Von der Schule bis zum Schliersee sind es 10 km.	☐	☐
3. Die Schüler und Schülerinnen fahren mit den Fahrrädern zu einem Museum.	☐	☐
4. Das Museum ist schon 100 Jahre alt.	☐	☐
5. Die Schüler und Schülerinnen haben auch Zeit zum Schwimmen.	☐	☐

8 **a** **Chaos auf der Postkarte. Lies die Sätze und sortiere sie in die richtige Reihenfolge.**

A ____ Aber es war auch toll, weil das Wetter super war!

B ____ Morgen gehen wir in ein Museum.

C ____ Die war so anstrengend!

D ____ Heute haben wir eine Wanderung in den Bergen gemacht.

E ____ Bis bald, Lucia

F __1__ Hallo,

G ____ viele Grüße aus Lugano.

H ____ 25 Grad und Sonne!

 b **Schreib eine Karte von deinem letzten Ausflug. Du kannst die Sätze aus 8a mit deinen Informationen ergänzen 〈oder〉 eine eigene Postkarte schreiben.**

DSD I

 c **Arbeitet zu zweit. Stellt euch die Fragen und antwortet. Jede/r spricht 4–5min.**

1. Erzähle von einem Ausflug mit deiner Familie.
2. Was machst du normalerweise am Wochenende? Berichte.
3. Welchen Ort möchtest du einmal besuchen? Warum?
4. Mit wem machst du gern etwas in der Freizeit? Warum?

In der Prüfung stellt der Prüfer dir 2–4 Fragen.

Tipp!

9 **a** **Sag mal ... Satzakzent in Sätzen mit mehreren Informationen – Hör die Sätze. Welche Wörter sind betont? Markiere wie im Beispiel.**

 1.20

1. Wir fahren mit unserer Klasse am Samstag in die Berge.
2. Die Klasse plant eine Party am Ende von der Reise.
3. Die Lehrerin kauft mit zwei Schülern in der Stadt für die Feier ein.
4. Die Mädchen aus Zimmer „Drei" proben ein Lied für die Party.

 1.20 **b** **Hör noch einmal und sprich nach. Achte auf die Betonung der Wörter im Satz.**

10 **Lernen – üben – spielen. Würfel dreimal. 1x für A, 1x für B, 1x für C. Bilde Sätze wie im Beispiel, sprich sie laut und mit Betonung.**

	A	B	C
1	Wir gehen	am Sonntag	ins Kino in die Stadt.
2	Unsere Lehrer fahren	in den Ferien	in den Park neben der Schule.
3	Meine Klasse fährt	am Wochenende	zum Freizeitpark nach Köln.
4	Rita und Julia reisen	morgen	zu meiner Oma nach Österreich.
5	Meine Freunde gehen	im Frühling	in ein Sommercamp ans Meer.
6	Unser Nachbar reist	um 09:00 Uhr	zum Camping nach Griechenland.

Meine Klasse fährt in den **Ferien** in ein **Sommercamp** ans **Meer**.

Perfekt

Was passt? Wähle das passende Verb aus und lies die Sätze laut.

1. Endlich da! Nach vier Stunden im Bus sind wir in der Jugendherberge weggefahren/angekommen/zurückgegangen.
2. Gestern haben wir die Stadt zugesehen/ausgesehen/angesehen.
3. Oh ... ich wollte doch eine Karte schreiben! Das habe ich fast verstanden/vergessen/verboten.

Wichtige Wörter

Seite 37

eklig _____

erschrecken _____

der Schreck _____

das **Geschirr** _____

das Holz _____

komisch _____

kriegen (Ich habe einen
Schreck gekriegt.) _____

der Küchendienst, -e _____

lösen (eine Aufgabe
lösen) _____

das **Rätsel**, - _____

runter|fallen (fällt runt-
er, ist runtergefallen) _____

die Spinne, -n _____

stehen bleiben (bleibt
stehen, ist stehen
geblieben) _____

das **Spiel**, -e _____

verlieren (verliert, hat
verloren) _____

weg|bringen (bringt
weg, hat wegge-
bracht) _____

Seite 38

warum _____

ab|fahren (fährt ab, ist
abgefahren) _____

die Busfahrt, -en _____

früh _____

die **Klassenfahrt**, -en _____

logisch _____

los|gehen (geht los, ist
losgegangen) _____

mit|bringen _____

die **Süßigkeit**, -en _____

der **Besuch**, -e _____

die Spritze, -n _____

der Unfall, Unfälle _____

der Verband, Verbände _____

verboten _____

die Wanderung, -en _____

weil _____

Seite 39

die Chips (Pl.) _____

krank _____

treten (er/es/sie tritt, ist
getreten) _____

ein|packen _____

der **Hunger** (Ich habe
Hunger.) _____

die **Jacke**, -n _____

erleben _____

teilen _____

Seite 40

die **Jugendherberge**, -n _____

die Abreise, -n _____

die Anreise, -n _____

der Aufenthalt, -e _____

das Besteck, -e _____

die Betten beziehen
(bezieht, hat bezo-
gen) _____

bringen (bringt, hat
gebracht) _____

ein|ziehen (zieht ein, ist
eingezogen) _____

enden _____

die **Gabel**, -n _____

der **Gast**, Gäste _____

der Grillplatz, -plätze _____

die Hausordnung, -en _____

der Kicker, - _____

der **Kühlschrank**, -schränke _____

das Lagerfeuer, - _____

leihen (leiht, hat geliehen) _____

der **Löffel**, - _____

das **Messer**, - _____

die Nachtruhe _____

nachts _____

neben _____

offen _____

die **Rezeption**, -en _____

sauber halten (hält sauber, hat sauber gehalten) _____

schließen (schließt, hat geschlossen) (Das Haus schließt um 22 Uhr.) _____

das Sportgerät, -e _____

tagsüber _____

Tischtennis _____

trennen _____

die **Wäsche** _____

jemand _____

nervig _____

die **Feier**, -n _____

na toll _____

weg|gehen (geht weg, ist weggegangen) _____

Seite 41

der **Moment**, -e _____

der **Teller**, - _____

Seite 42

das Boot, -e _____

die Fahrt, -en _____

das Gespenst, -er _____

der Keks, -e _____

der **Koffer**, - _____

lang (länger, am längsten) _____

das Naseputzen _____

Oje! (Oje, jetzt ist mir das Handy runter- gefallen!) _____

packen (packt, hat ge- packt) (Ich habe den Koffer gepackt.) _____

der Refrain, -s _____

schwören (schwört, hat geschworen) _____

der **See**, -n _____

der Start, -s _____

das **Ticket**, -s _____

das **Ziel**, -e _____

bauen _____

reisen (reist, ist gereist) _____

Was kann ich?

1 **Ich kann Gründe nennen.** ☺ ☹ ☹
→ KB/ÜB A2, A3

✦ keinen Unterricht haben ✦ einen Unfall haben ✦ nicht laufen können ✦ tolle Ausflüge machen ✦
am Ende eine Party machen ✦ Bein wehtun ✦

Wir freuen uns auf die Klassenfahrt, weil …   Lena kann nicht mitfahren, weil …

_____   _____

_____   _____

_____   _____

2 **Ich kann sagen, was ich konnte, musste, …** ☺ ☹ ☹
→ KB/ÜB A6, A7

Gestern sollte ich …   In den Ferien durfte ich …   Am Wochenende konnte ich …   Heute musste ich …

3 **Ich kann eine Postkarte von der Klassenfahrt schreiben.** ☺ ☹ ☹
→ KB/ÜB A18

Liebe(r) _____,

hier in _____ ist es _____

_____. Heute haben wir _____

_____. In der Jugend-

herberge ist es _____ und das Essen

ist _____. Morgen gehen wir _____

_____.

Ich _____ schon!

Liebe _____, _____

_____

_____

_____

So lerne und übe ich

4 **Ich lerne neue Wörter immer mit einem Beispielsatz.** ☐ manchmal ☐ oft ☐ nie

gewinnen   *Ich möchte das Spiel gewinnen.* _____

die Jugendherberge   *Auf Klassenfahrt schlafen ….* _____

etwas benutzen   _____

komisch   _____

Musik, Musik, Musik ...

1 **a** **Sieh die Bilder an und hör die Dialoge. Ordne zu.**

Dialog _____

Dialog _____

Dialog _____

Dialog _____

Dialog _____

b **Wie heißen die Wörter? Ergänze die Sätze.**

1. Eva hört gerne die _____ von Namika.

2. Sie möchte mit zwei Freundinnen zum _____ gehen.

3. Ihr Vater schenkt ihr ein _____ für das Konzert.

4. Die Freundinnen ziehen sich an. Sie müssen sich _____.

5. Auf dem Konzert _____ sie den ganzen Abend.

✦ Kon ✦ cket ✦

✦ sik ✦ eilen ✦

✦ zen ✦ Mu ✦

✦ tan ✦ Ti ✦

✦ be ✦ zert ✦

2 **a** **Mara, Jannis und Adam – Welcher Satz passt zu welchem Bild? Notiere.**

1. ____ Adam ist schneller als Mara.
2. ____ Adams Jacke ist billiger als Maras Jacke.
3. ____ Jannis ist am kleinsten.
4. ____ Mara hat mehr Bücher als Jannis.
5. ____ Adam ist größer als Jannis.
6. ____ Adam ist in Bio am besten.

b Wo passen die Adjektive? Ordne zu und ergänze zu allen Adjektiven die fehlenden Formen.

✦ reich ✦ intelligent ✦ gut ✦ lang ✦

	Grundform	Komparativ	Superlativ
regelmäßig	_____billig_____	_____	___am billigsten___
	_____	_____	_____
+ Umlaut	_____	___jünger___	_____
	_____	_____	_____
+ *e* beim Superlativ	_____heiß_____	_____	___am heißesten___
	_____	_____	_____
Ausnahmen	_____	___mehr___	_____
	_____	_____	_____

c Komparativ oder Superlativ? Ergänze die Adjektive.

🌐

Ich spiele Gitarre in unserer Schulband. Ein Jahr bin ich schon
in der Band. Nico, unser Sänger, ist viel _länger_ (1, lang) dabei
als ich, schon 5 Jahre! Er ist in der 12. Klasse und ist am
_____ (2, alt). Früher habe ich viel _____
(3, schlecht) gespielt als heute. In der Band habe ich wirklich viel gelernt. Ich
glaube, deshalb sind unsere Konzerte dieses Jahr _____ (4, gut)
als letztes Jahr. Wir spielen Lieder von bekannten Bands, aber wir spielen
auch unsere eigenen Lieder. Die spiele ich am _____ (5, gern),
aber wir haben erst vier eigene Lieder. Für ein ganzes Konzert brauchen wir
_____ (6, viel) als vier Lieder.

3 **a** Ergänze die Superlative und schreib deine Antworten ins Heft.

1. Welcher Sänger / Welche Sängerin singt ___am besten___? (gut)

2. Welchen Schauspieler / Welche Schauspielerin findest du _____? (cool)

3. Welchen Sportler / Welche Sportlerin magst du _____? (wenig)

4. Welche Musik nervt dich _____? (viel)

5. Welche Band hörst du _____? (gern)

6. Welches Lied findest du _____? (schön)

> 1. Ich finde, Adam Levine singt am besten.

b Arbeitet zu zweit. Stellt euch abwechselnd die Fragen aus 3a und antwortet.

c **Ergänze die Sätze mit Komparativ + *als* und *am* + Superlativ.**

1. Martha 1,67 m – Zoe 1,70 m – Karen 1,72 m (groß)

   Zoe ist _größer als_ Martha. Karen ist _____.

2. Linus 55 kg – Max 58 kg – Justus 61 kg (schwer)

   Max ist _____. Justus ist _____.

3. Klara 👍 – Julia 👎 – Ina 👍👍 (gut singen)

   Klara kann _____. Ina kann _____.

4. Jan 5 Jahre Fußball spielen – Kai 6 Jahre Fußball spielen – Adam 8 Jahre Fußball spielen (lang)

   Kai spielt _____ Fußball als Jan. Adam spielt _____ Fußball.

4 **a** **Lies die Sätze. Was stimmt für dich? Kreuze an. Sprecht dann zu zweit.**

1. ☐ Ich finde Taylor Swift besser als Ariana Grande.
2. ☐ Ich war auf mehr Konzerten als meine beste Freundin / mein bester Freund.
3. ☐ Ich lerne lieber Deutsch als Mathe.
4. ☐ Ich esse lieber Pommes als Pizza.
5. ☐ Ich kann genauso gut Fußball spielen wie mein Freund.

6. ☐ Ich kann besser singen als meine Freunde.
7. ☐ Ich bin älter als mein Bruder / meine Schwester.
8. ☐ Ich bin größer als meine Mutter.
9. ☐ Ich springe höher als mein Vater.
10. ☐ Ich finde, Mbappé spielt genauso gut wie Griezmann.

hoch, höher, am höchsten

Tipp!

> Ich lerne lieber Deutsch als Mathe.

> Wirklich? Ich nicht. Ich lerne lieber…

> Ich esse lieber Pommes als Pizza.

> Ich auch.

online 1

b **Vergleiche die Schauspielerinnen. Ergänze die Sätze mit *nicht so ...*, *genauso ...* und *am ...***

A
Elizabeth Olsen
Schauspielerin seit 1994
Geburtstag: 16.2.1989
Größe: 1,68 m

B
Mia Wasikowska
Schauspielerin seit 2005
Geburtstag: 14.10.1989
Größe: 1,63 m

C
Emma Stone
Schauspielerin seit 2005
Geburtstag: 06.11.1988
Größe: 1,68 m

1. Emma Stone ist _genauso lange_ (lange) Schauspielerin wie Mia Wasikowska. Elizabeth Olsen ist

   _____ (lange) Schauspielerin.

2. Mia Wasikowska ist am 14. Oktober 1989 geboren. Sie ist _____ (alt) wie Elizabeth

   Olsen und Emma Stone. Emma Stone ist _____ (alt).

3. Elizabeth Olsen ist _____ (groß) wie Emma Stone. Mia Wasikowska ist mit 1,63 m

   _____ (klein).

5 **a** Musik – Wie heißen die Wörter? Lies den Text im Kursbuch noch einmal. Schreib die Wörter wie im Beispiel.

1. OKNZTER – das ___Konzert___
2. ABDN – die _____
3. ASNF – die _____
4. UPIBMLKU – das _____
5. EBHÜN – die _____

6. NSRÄGE – _der Sänger / die Sängerin_
7. PRARPE – der _____ / die _____
8. UMKSIRE – der _____ / die _____
9. MALUB – das _____
10. ITKCTE – das _____

b Welches Verb passt? Markiere.

1. auf der Bühne   stehen/realisieren/machen
2. in einem Club   realisieren/auftreten/finden
3. einen Preis   machen/kaufen/gewinnen
4. ein Projekt   realisieren/auftreten/besuchen
5. besondere Musik   singen/machen/gewinnen

online 2

c Über ein Lied sprechen – Schreib die Antworten.

1. Wie findest du das Lied?   ___Die Melodie ist ganz okay___ .

okay / ist / Die Melodie / ganz /.

2. Wie gefällt dir der Text? _____

nicht / verstehen / ich / Einige Wörter / kann / .

3. Die Stimme ist super, oder? _____

finde / Ich / schrecklich / die Stimme / .

4. Und das Lied von Mike Singer? _____

sehr / gefällt / Mir / das Lied / gut / .

5. Gefällt dir auch der Text? _____

nicht / Leider / verstehe / den Text / ich / .

6 **a** Was sagen die Jugendlichen? Schreib *dass*-Sätze.

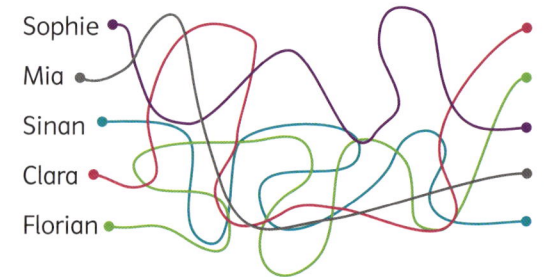

Sophie — „Mein Bruder ist auch in der Schulband."
Mia — „Ich spiele seit drei Jahren Gitarre."
Sinan — „Ich darf am Donnerstag zu dem Konzert gehen."
Clara — „Clara kann echt gut singen."
Florian — „Ich war am Wochenende zum ersten Mal auf einem Konzert."

1. Sophie sagt, dass sie _____.

2. Mia findet, _____.

3. Sinan berichtet, _____.

4. Clara erzählt, _____.

5. Florian sagt, _____.

Achtung! Oft musst du die Personalpronomen und Possessivartikel umformen.

Tipp!

online 3
b **Was denkst du? Wähl aus und schreib dann vier Sätze mit *dass* in dein Heft.**

Ich finde, …

Ich glaube, …

Ich denke, …

Mit Musik geht alles besser.
Ohne Musik kann man nicht leben.
Musik ist nicht so wichtig.
Auf Konzerten sind zu viele Menschen.

Die Musik im Radio ist langweilig.
Die Konzerte von berühmten Bands sind zu teuer.
Ein tolles Konzert vergisst man nie.
Musiker brauchen auch gute Musikvideos.

> Ich finde, dass die Musik im Radio langweilig ist.

c **Was passt? Ergänze *weil* oder *dass*.**

1. Ich kann nicht zu dem Konzert gehen, _____ meine Eltern es nicht erlauben.

2. Sie haben gesagt, _____ ich zu jung bin.

3. Sie meinen, _____ man für Konzerte mindestens 16 Jahre alt sein muss.

4. Und sie finden, _____ die Tickets zu teuer sind.

5. Ich finde das echt gemein, _____ ich die Band wirklich so toll finde.

1.22 online 4
d **Ordne die Dialoge und hör zur Kontrolle.**

Dialog A

- ● ☐ Ach, bitte! Die anderen dürfen auch gehen.
- ○ ☐ Nein, das geht nicht. Am Mittwoch hat Opa Geburtstag.
- ● ☐ Super, dann gehe ich erst zu Opa und danach zum Schulfest. In Ordnung?
- ○ ☐ Kann ich am Mittwoch zu dem Schulfest gehen?
- ● ☐ Aber Opa hat uns eingeladen. Um 15 Uhr müssen wir dort sein und dann trinken wir Kaffee und essen Kuchen.
- ○ ☐ Ja, das geht. Aber um 21 Uhr musst du zu Hause sein. Am nächsten Tag ist Schule!

Dialog B

- ● ☐ Ja, mache ich.
- ○ ☐ Okay, aber du musst wirklich jeden Tag eine Stunde Mathe lernen.
- ● ☐ Darf ich dort auch schlafen?
- ○ ☐ Ja, kein Problem.
- ● ☐ Ich möchte gern nächsten Samstag zu der Party von Paula gehen.
- ○ ☐ Nein, das geht nicht. Du musst am Sonntag früh aufstehen. Du musst Mathe lernen. Schon vergessen?
- ● ☐ Ach, bitte! Ich lerne auch jetzt jeden Tag.

7 **Mein Lieblingsstar – Welche Wörter fehlen im Text? Ergänze und kontrolliere dann mit den Wörtern unten. ◄oder► Lies die Wörter unten und ergänze den Text.**

> Meine _____ (1) heißt Namika. Sie _____ (2) aus Frankfurt und ist 28 _____ (3) alt. Ihr _____ (4) ist eine Mischung zwischen Pop und Hip-Hop. Das Lied „Lieblingsmensch" war ihr erster großer _____ (5). Der Song „Je ne parle pas français" ist auch sehr bekannt. Sie hat schon als Schülerin eigene Lieder geschrieben und im Chor gesungen. Sie wollte immer nur Musikerin sein. Ich mag Namikas Musik, weil ihre _____ (6) sehr schön ist und ihre Lieder gute _____ (7) machen.

Hit   Musikstil   Jahre   Laune   Lieblingssängerin   Stimme   kommt

8 **a** Was machst du am Wochenende? Am Freitag unterhalten sich die Schüler der Klasse 8a über ihre Pläne für das Wochenende. Du hörst gleich fünf kurze Berichte von Schülern.

Lies zuerst die Liste mit den verschiedenen Aktivitäten (A–H). Du hast dafür 30 Sekunden Zeit. Notiere beim Hören zu jedem Namen den richtigen Buchstaben (A–H). Einige Buchstaben bleiben übrig. Du hörst die Berichte einmal.

(Z) Besuch bei der Familie

(A) Konzertbesuch im Gymnasium

(B) im Chor singen

(C) einen Film sehen

(D) Geburtstag feiern

(E) in der Musikschule feiern

(F) eine Gitarre aussuchen

(G) eine Fahrradtour mit der Familie

(H) Tanzkurs mit Freundin

Name	Buchstabe
0: Ole	Z
1: Mia	
2: Sinan	
3: Jannik	
4: Clara	

Entscheide dich nach jedem Bericht sofort für einen Buchstaben, auch wenn du dir nicht sicher bist. Später kannst du dich nicht mehr erinnern.

Tipp!

b Welches Verb passt nicht? Streiche durch.

1. den Geburtstag einladen – feiern – planen

2. ein Instrument lernen – spielen – informieren

3. Musik machen – singen – hören

4. in einer Band spielen – suchen – singen

5. einen Tanzkurs machen – besuchen – gehen

c Du möchtest am Wochenende etwas mit einem Freund / einer Freundin machen. Schreib ihm/ihr eine Nachricht und mache einen Vorschlag.

✦ Lieber/Liebe ..., ✦
✦ Hallo ..., ✦

✦ Ich möchte am Wochenende ... ✦
✦ Ich will ... Kommst du mit? ✦
✦ Ich möchte ... Hast du auch Lust? ✦
✦ Wollen wir zusammen zum/zur ... gehen? ✦ Hast du Zeit? ✦

✦ Liebe Grüße, ... ✦
✦ Viele Grüße, ... ✦

d Tausch die Nachricht mit einem Partner / einer Partnerin und schreib eine Antwort.

9 **a** Was passt zusammen? Schreib mindestens vier Sätze.

✦ Kim ✦ Wir ✦
✦ Lukas ✦ Marie ✦
✦ Meine Eltern ✦
✦ Mein Freund ✦
✦ Ich ✦ Du ✦

✦ esse ✦ gehen ✦
✦ schläft ✦ lernt ✦
✦ gehst ✦ fahren ✦
✦ geht ✦ fährt ✦

✦ morgen ✦ am Vormittag ✦
✦ nächste Woche ✦
✦ am Nachmittag ✦
✦ morgen ✦ am Sonntag ✦
✦ heute Abend ✦ heute ✦

✦ ins Kino ✦ nach München ✦
✦ im Park ✦ in den Supermarkt ✦
✦ in die Stadt ✦ im Restaurant ✦
✦ in die Schule ✦
✦ in der Bibliothek ✦

Wir fahren heute in die Stadt.

b   Wo steht die Information? Markiere wie im Beispiel.

1. Florian geht ins Kino.   am Samstag

2. Ole ist am Wochenende gefahren.   nach Rostock

3. Paula lernt in der Bibliothek.   heute

4. Die Freunde gehen am Wochenende.   zum Konzert

5. Luis war im Stadtpark.   gestern

6. Mia ist am Dienstag gegangen.   zur Musikschule

10   a   Sag mal . . . Wichtige Informationen betonen – Hör die Sätze. Was ist betont? Markiere.

1.24

1. Wir gehen ins Einkaufszentrum, nicht ins Jugendzentrum.
2. Wir treffen uns am Nachmittag, nicht am Abend.
3. Ich treffe mich mit Ole in der Stadt, nicht mit Florian.
4. Später gehen wir ins Kino und nicht ins Café.

1.24

b   Hör noch einmal und sprich nach.

11   Lernen – üben – spielen. Arbeitet zu zweit und notiert passende Wörter.

```
        K                       M
        O                       U
        N                       S
  T A N Z E N                   I
        E                       K
        R
        T
```

Perfekt   a   Was passt wo? Ergänze die Partizipien.

✦ empfohlen ✦ gewonnen ✦ stattgefunden ✦ begonnen ✦ eingeladen ✦ erschienen ✦

Gestern war ich auf einem Konzert. Ein Freund hat mir die Band _____ (1), er ist ein großer

Fan. Die Band ist noch nicht so bekannt. Das erste Album ist erst in diesem Jahr _____ (2).

Aber einen Preis hat die Band auch schon _____ (3). Wir haben unsere Freundin Luzie

_____ (4), weil sie gestern Geburtstag hatte. So hatten wir ein tolles Geschenk. Das

Konzert hat im Park _____ (5), dort war auch das große Sommerfest. Es hat um 19 Uhr

_____ (6) und war erst um 22 Uhr zu Ende. Es war echt super.

b   Notiere den Infinitiv.

1. _____*beginnen*_____ – es hat begonnen   4. _____ – wir haben eingeladen

2. _____ – er hat empfohlen   5. _____ – es ist erschienen

3. _____ – sie hat gewonnen   6. _____ – es hat stattgefunden

Wichtige Wörter

Seite 45

auf jeden Fall _____

gemein _____

genial _____

Na gut! _____

Seite 46

das **Ticket**, -s _____

der Ticketpreis, -e _____

das Schulradio, -s _____

reich _____

als *(reicher als)* _____

der Vergleich, -e _____

hoch *(höher, am höchsten)* _____

Seite 47

beliebt _____

fair _____

das **Rad**, Räder _____

genauso _____

Seite 48

die **Band**, -s _____

die Abendkasse, -n _____

das Album, Alben _____

auf|treten *(tritt auf, ist aufgetreten)* _____

außerdem _____

begeistern _____

die Bühne, -n _____

endlich _____

erscheinen *(erscheint, ist erschienen)* _____

die Mischung, -en _____

das Mitglied, -er _____

persönlich _____

das **Projekt**, -e _____

der Rapper, - _____

realisieren _____

spielen *(Die Band hat schon in vielen Ländern gespielt.)* _____

der Staat, -en _____

stehen *(steht, hat gestanden) (Die Band steht jeden Tag auf der Bühne.)* _____

überall _____

unterschiedlich _____

die **Welt**, -en _____

entgegen _____

die Freiheit, -en _____

der **Himmel** _____

einige _____

furchtbar _____

gehen *(Es geht so.)* _____

der Rhythmus, Rhythmen _____

die Stimme, -n _____

Seite 49

ab|holen _____

dass _____

empfehlen *(empfiehlt, hat empfohlen)* _____

der Klassenlehrer, - _____

die Klassenlehrerin, -nen _____

hin|fahren *(fährt hin, ist hingefahren)* _____

die Nachbarstadt, -städte _____

die Ordnung, -en *(Das ist in Ordnung.)* _____

teuer _____

unbedingt _____

zwischen *(Spielt einen Dialog zwischen Eltern und Kindern.)* _____

interviewen _____

die Laune, -n _____

der Hit, -s _____

die Karriere, -n _____

der Musikstil, -e _____

Seite 50

die Anzeige, -n _____

die Attraktion, -en _____

die Ausstellung, -en _____

der Beginn _____

der DJ, -s _____

der Eintritt, -e _____

das Jugendzentrum, -zentren _____

kostenlos _____

live _____

das **Programm**, -e _____

die **SMS**, - _____

der Snack, -s _____

das Sommerfest, -e _____

das **Museum**, Museen _____

statt|finden *(findet statt, hat stattgefunden)* _____

täglich _____

der Tanzkurs, -e _____

viel mehr _____

von ... bis *(Das Jugendzentrum hat von 9 bis 22 Uhr geöffnet.)* _____

vorbei|kommen *(kam vorbei, ist vorbeigekommen)* _____

zu|stimmen _____

Seite 51

betonen _____

der **Fluss**, Flüsse _____

die Region, -en _____

der Rekord, -e _____

die **Veranstaltung**, -en _____

beenden _____

Was kann ich?

1 **Ich kann Personen und Dinge vergleichen.** ☺ ☺ ☹
→ KB/ÜB A2, A3, A4

1. Pogba – Alaba (jung) _Pogba ist jünger als Alaba._
2. Zug – Fahrrad (schnell) _Ein_
3. die Zugspitze (2962 m) – der Großglockner (3798 m) – das Matterhorn (4478 m) (hoch)

_____

2 **Ich kann über ein Lied sprechen.** ☺ ☺ ☹
→ KB/ÜB A5

☺ Die M __ __ od __ __ ist w __ __ kl __ __ __ schön.

☺ Der Rh __ __ __ m __ __ ist ganz o __ __ y.

☹ Leider ver __ __ __ __ __ ich den T __ __ t nicht.

3 **Ich kann Informationen wiedergeben.** ☺ ☺ ☹
→ KB/ÜB A6

Ich war gestern auf einem Konzert.

Wir finden die Musik von Namika toll!

Jan hat gesagt, dass _____.

Lea und Tine _____.

4 **Ich kann um Erlaubnis bitten.** ☺ ☺ ☹
→ KB/ÜB A6

Darf _____? Ach, _____! (ins Kino gehen)

_____? Ist das in _____? (zum Konzert gehen)

5 **Ich kann Vorschläge machen, zustimmen und ablehnen.** ☺ ☺ ☹
→ KB/ÜB A8

● _____ ins Museum gehen?   ☺ ○ Ja, gerne.

● Ich will in den Park gehen. Kommst du mit?   ☺ ○ _____

● Ich gehe ins Jugendzentrum. Hast du auch Lust?   ☹ ○ _____

So lerne und übe ich

6 **Ich reflektiere meinen Lernprozess und mache die schweren Aufgaben noch einmal.**   ☐ manchmal ☐ oft ☐ nie

Welche Aufgaben in Kapitel 5 waren leicht für mich? _____

Bei welchen Aufgaben hatte ich Probleme? _____
Ich wiederhole diese Aufgaben und Übungen.

1 **a** **Welches Verhalten ist gut für dich und für die Umwelt? Verbinde die Ausdrücke mit den Bildern.**

online
1

Sachen reparieren, nicht wegwerfen

den Müll trennen

gesund essen

Energie sparen

A

C

B

G

Sachen leihen

Wasser sparen

F

E

D

H AUSLEIHE

sich mehr bewegen

Dinge ohne Verpackung kaufen

b **Jeder kann etwas tun – Was passt zusammen? Ordne zu.**

1. ____ Bleib nur kurz unter der Dusche.

2. ____ Mach das Licht aus, wenn du aus dem Haus gehst.

3. ____ Kauf nicht immer neue Sachen.

4. ____ Wirf nicht alles gleich weg.

5. ____ Lauf zur Schule oder fahr mit dem Rad.

6. ____ Nimm zum Einkaufen eine Tasche mit.

A So kannst du Energie sparen.

B Du kannst viele Dinge auch leihen oder mit anderen tauschen.

C So brauchst du weniger Wasser.

D Bewegung ist gesund und gut für die Umwelt.

E Dann musst du im Laden keine Tüte aus Plastik nehmen.

F Viele Sachen kann man reparieren, wenn sie kaputt sind.

2 **a** **Was passt? Verbinde.**

1. alle   2. manche   3. niemand   4. viele

A 0%   B 100%   C 70%   D 20%

b Sieh die Grafik im Kursbuch noch einmal an und ergänze die Grafikbeschreibung.

✦ 53 Prozent ✦ Gemüse ✦ das Lieblingsessen ✦ manche ✦ am liebsten ✦ niemand ✦ Pizza ✦
✦ viele ✦ 16 Prozent ✦

Was essen Sie _____ (1)? Auf diese Frage haben 1000 Menschen für die Umfrage geantwortet.

_____ (2) der Deutschen sagen, dass sie sehr gern Fleisch essen. Damit ist Fleisch _____ (3) der Deutschen. Auch Nudeln mögen

_____ (4) Menschen in Deutschland sehr gern. _____ (5) ist auf Platz 3. Fisch essen _____ (6) am liebsten. Nur _____ (7) essen sehr gern Kartoffeln, _____ (8) oder Suppen. Von den 1000 Deutschen mag _____ (9) Gerichte mit Reis am liebsten.

3

a Finde 15 Lebensmittel, ordne zu und schreib die Wörter mit Artikel.

B	L	A	R	E	S	T	A	D	Y	J	K	L	A
A	C	H	S	A	F	T	S	C	H	R	I	F	D
I	M	M	C	B	R	A	T	W	U	R	S	T	E
N	D	E	H	H	A	M	B	U	R	G	E	R	J
H	A	N	O	D	F	U	L	V	E	R	I	A	W
U	M	M	K	U	C	H	E	N	M	K	S	U	D
V	E	R	O	L	W	I	N	T	E	R	R	B	E
A	T	I	L	M	A	P	S	A	L	A	T	E	M
T	O	A	A	C	S	I	H	L	I	M	O	L	M
E	R	V	D	I	S	Z	O	E	H	E	M	M	I
I	T	E	E	M	E	Z	C	U	I	H	A	M	B
C	E	A	O	O	R	A	N	G	E	Z	T	H	E
E	**P**	**O**	**M**	**M**	**E**	**S**	**F**	**R**	**I**	**T**	**E**	**S**	U
R	U	D	D	E	R	B	O	O	H	N	E	N	S

1. Süßigkeiten

_____

_____

_____

_____

2. Fastfood

die Pommes frites, _____

_____

_____

_____

3. Obst und Gemüse   4. Getränke

_____ _____

_____ _____

_____ _____

_____ _____

> Die Pommes frites (Aussprache *Pomm frit*) nennt man meist nur kurz *Pommes.*
>
> Tipp!

---

b Erinnerst du dich? Was ist richtig? Kreuze an. oder Lies den Artikel im Kursbuch noch einmal und kreuze dann an.

1. Sogenannte Flexitarier essen

   A ☐ kein Fleisch, aber Fisch.

   B ☐ nur manchmal Fleisch, Wurst oder Fisch.

2. Vegetarier essen

   A ☐ kein Fleisch und keinen Fisch.

   B ☐ kein Fleisch, keine Eier, keine Butter und keinen Käse.

3. Veganer essen

   A ☐ keine Produkte von Tieren.

   B ☐ nur Obst und Gemüse.

4

a Lies die Aussagen, hör dann die Antworten aus einer Umfrage zum Thema Ernährung. Wer sagt das? Verbinde.

🎧 1.25

A Ich ernähre mich gesund, weil ich fit bleiben will.　　Person 1
B Ich mag Tiere, deshalb esse ich vegan.　　Person 2
C Ernährung interessiert mich nicht.　　Person 3
D Ich backe gern.　　Person 4

b **Was passt nicht in die Reihe? Streiche durch.**

1. die Gurke – die Paprika – die Tomate – die Banane – die Karotte – die Bohne
2. die Schokolade – die Chips – die Kekse – der Kuchen – das Eis
3. die Cola – die Suppe – der Saft – der Tee – der Kakao – das Mineralwasser
4. der Burger – die Pommes – der Salat – die Bratwurst – die Pizza
5. das Fleisch – die Wurst – das Hähnchen – die Eier – der Käse – der Apfel

online 2

c **Ergänze die Sätze.**

✦ Ernährung ✦ kochen ✦ Nudeln mit Soße ✦ schmeckt ✦ fit ✦ Fast-Food ✦ egal ✦ ernähre ✦ mag ✦ Burger ✦

🌐

Paul • 15 Jahre

1 Ich liebe _____ (1), vor allem Burger und Pizza. Aber meine Eltern finden gute

_____ (2) wichtig, deshalb gibt es zu Hause viel Gemüse, Obst und Salat. Meiner

Schwester _____ (3) Fast-Food nicht. Sie mag keine _____ (4).

Lina • 14 Jahre

2 Ernährung finde ich wichtig. Ich _____ (5) mich gesund, weil ich viel Sport

mache und _____ (6) sein will. Vielen in meiner Klasse ist Ernährung

_____ (7). Meine Freundinnen und ich _____ (8) und backen

gern selbst. Reis mit Fleisch _____ (9) ich gern. Aber mein Lieblingsessen ist

_____ (10).

DSD I

🎧 1.26

d **Marikas Experiment – Du hörst eine Reportage im Schülerradio. Marika erzählt von ihrer Zeit als Vegetarierin. Lies zuerst die Aufgaben (1–6). Du hast dafür eine Minute Zeit. Hör dann die Reportage und löse die Aufgaben beim Hören. Kreuze bei jeder Aufgabe die richtige Lösung (A oder B oder C) an. Danach hörst du die Reportage noch einmal.**

1. Marika wollte vegetarisch essen, weil
A ☐ Ernährung schon immer wichtig für sie war.
B ☐ sie etwas für die Umwelt tun wollte.
C ☐ sie Fleisch nicht mag.

2. Marika fand zuerst blöd, dass
A ☐ der Bruder sie immer geärgert hat.
B ☐ die Eltern manchmal Fleisch gekocht haben.
C ☐ sie in der Mensa nicht mehr wählen konnte.

3. Nach ein paar Wochen haben die Eltern
A ☐ auch kein Fleisch mehr gegessen.
B ☐ gesagt, dass Marika es nicht schafft.
C ☐ ihr geholfen und anders gekocht.

4. In den drei Monaten hat Marika
A ☐ einmal auf einer Party Fleisch gegessen.
B ☐ oft an Hähnchen und Bratwurst gedacht.
C ☐ selbst vegetarisch gekocht.

5. Marika und ihre Freundinnen denken, dass
A ☐ Burger nur mit Fleisch schmecken.
B ☐ man ganz gut ohne Fleisch leben kann.
C ☐ vegetarisch kochen nicht so leicht ist.

6. Nach dem Experiment will Marika
A ☐ an Weihnachten kein Fleisch essen.
B ☐ meistens vegetarisch leben.
C ☐ nur noch Burger ohne Fleisch essen.

5 a Aktiv für die Umwelt – Ergänze die Sätze.

✦ Glas ✦ Taschen ✦ Energie ✦ Umwelt ✦ Klima ✦ Müll ✦ Plastiktüte ✦ Papier ✦ Meer ✦

Viele Menschen denken heute an die _____ (1). Im Supermarkt kaufen immer mehr Kunden

keine _____ (2) und nehmen lieber mehrere _____ (3) für den

Einkauf mit.

Viele wollen kein Plastik verwenden und wegwerfen. Sie kaufen lieber Flaschen aus _____ (4).

So schützen sie das _____ (5) und die Fische, weil es dann im Wasser weniger Plastik gibt.

Viele Menschen in Europa trennen ihren _____ (6). Glas, _____ (7) oder Metall

kann man dann recyceln und noch einmal verwenden.

Immer mehr Menschen sparen Strom. So verbrauchen sie weniger _____ (8) und schüt-

zen unser _____ (9).

b Lies die Forumsbeiträge zum Thema „Wie war dein Tag?" Was haben Mona und Samy gemacht?
Was war <mark>gut</mark> für die Umwelt, was war <mark>schlecht</mark>? Markiere.

⊕

Mona • 15 Jahre

Heute Morgen war ich so müde. Ich musste <mark>lange und heiß duschen</mark>. Dann habe ich gefrühstückt und bin mit dem Bus in die Schule gefahren. Mittags habe ich einen Salat gegessen. Nach der Schule war ich in der Stadt. Ich habe einen Mantel und zwei Hosen gekauft. Meine Plastiktüten waren total schwer. Deshalb habe ich meine Mutter angerufen und sie hat mich mit dem Auto in der Stadt abgeholt. Zu Hause habe ich die Sachen anprobiert. Die sind cool. Den alten Mantel schenke ich einer Freundin.

Samy • 14 Jahre

Mein Sonntag war richtig cool. Wir haben lange gefrühstückt. Alle zusammen. Der Fernseher war die ganze Zeit an, aber keiner hat ferngesehen. Später haben meine Eltern, mein Bruder und ich eine Fahrradtour gemacht. Das war super! Mittags haben wir Burger mit Pommes frites gegessen und Milchshakes getrunken. Ich liebe Burger und Fleisch. Das kann ich jeden Tag essen. Okay, wir hatten dann auch viel Müll. Das war nicht so toll. Am Nachmittag waren wir wieder zu Hause und ich bin dann mit meinem Skateboard zu meinem Freund gefahren.

c Vergleicht eure Lösungen aus 5b zu zweit.

  d Was machst du für die Umwelt? Was kannst du besser machen? Schreib einen kurzen Text.
Die Satzanfänge helfen.

> Das Thema Umwelt finde ich wichtig, deshalb fahre ich ...
>
> Im Supermarkt nehme ich ...
>
> ... ist auch gut für die Umwelt.
>
> In Zukunft kann ich auch ...

6

a *könnte, könntest, …* – Was passt? Markiere.

● Du, Ella, wollen wir in der Umwelt-AG mitmachen?

○ Ja, das finde ich gut. Und was (1) könnte/**könnten** wir da machen?

● Im Moment ist das Thema „Energie sparen".

○ Hm, Energie (2) könnten/könnte jeder sparen, oder?

● Und in der Schule?

○ Die Lehrer fahren immer mit dem Auto. Sie (3) könnte/könnten auch den Bus nehmen.

● Gute Idee. In der Mensa ist immer das Licht an. Das (4) könnte/könntet man nachts ausmachen.

◆ Hallo ihr zwei! Licht ausmachen? Wollt ihr Energie sparen? Ihr (5) könntet/könnte in der Umwelt-AG mitmachen.

● Ah, hallo Frau Berger. Ja, dürfen wir noch mitmachen?

◆ Ich (6) könnte/könntest ja mal fragen … Ähm … nein, ich habe eine bessere Idee. Ella, du (7) könntest/könntet Herrn Meier fragen. Er macht die AG und er ist euer Klassenlehrer.

○ Okay.

b Schreib die Vorschläge mit *könnte.*

online **3**

1. Wir – Auto fahren – weniger

   Wir könnten weniger Auto fahren.

2. die Mensa – anbieten – vegetarisches Essen

   _____

3. weniger – du – Flaschen aus Plastik – kaufen

   _____

4. Strom sparen – ihr – zu Hause

   _____

5. mein Vater – mit dem Fahrrad – zum Supermarkt – fahren

   _____

6. tauschen – mehr – Kleidung – ich

   _____

c Was könnten Mona und Samy aus 5b besser machen? Schreib drei Tipps wie im Beispiel und benutze die Ausdrücke aus Aufgabe 6d im Kursbuch.

Warum isst du jeden Tag Fleisch? Du könntest auch mal einen Salat essen.

7

a Sag mal … *b* oder *w*? – Arbeitet zu zweit. Schreibt je zwei Sätze mit vielen Wörtern aus den beiden Spalten.

✦ Warum ✦ Wochenende ✦ Wand ✦ wollen ✦
✦ Wasser ✦ wissen ✦ wer ✦ wir ✦ was ✦
wandern ✦ Wald ✦ warten ✦ … ✦

✦ besuchen ✦ bei ✦ Berlin ✦ berühmt ✦ bald ✦
✦ backen ✦ Bild ✦ Bikini ✦ Bruder ✦ bestellen ✦ Brot ✦
✦ Banane ✦ beginnen ✦ buchstabieren ✦ blau ✦ … ✦

b Lest in Gruppen vor. Wer hat den schönsten Satz?

8 **a** **Was bedeuten die Redewendungen? Sieh die Bilder an und lies die Aussagen. Ordne die passende Bedeutung zu.**

✦ alt / nicht mehr neu sein ✦ verliebt sein ✦ jemandem nicht helfen ✦

Tom und Julia schweben auf rosa Wolken.

Jan lässt Paul im Regen stehen.

Das ist doch Schnee von gestern!

_____

_____

_____

b **Suche zwei Redewendungen mit Wörtern zum Thema Wetter in deiner Sprache. Wie kann man das auf Deutsch sagen oder übersetzen?**

9 **a** **Sprecht zu zweit. Fragt nach dem Wetter in . . ., antwortet und notiert Informationen.**

A

London
25 Grad

Berlin ●
18 Grad

● Brüssel

Paris ●
20 Grad

Wien ●
28 Grad

Bern ●

Rom ●

Madrid ●

Wie ist das Wetter in Bern?

Madrid ●
26 Grad

Rom ●
25 Grad

In Bern ist es nass.
Es regnet und es sind . . .

Bern ●
20 Grad

Wien ●

Paris ●

Brüssel ●
19 Grad

London ●

Berlin ●

B

online
4

b **Wie ist das Wetter? Schreib mindestens zwei Informationen.**

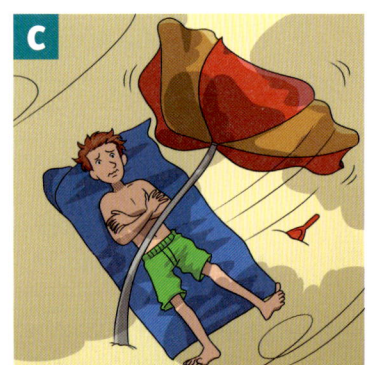

_____

_____

_____

_____

_____

_____

10

online
5

a **Verbinde die Sätze mit *wenn … dann*.**

1. Ich fahre in den Urlaub. Ich habe gute Laune.

   Wenn ich in den Urlaub fahre, (dann) habe ich gute Laune.

2. Das Meer ist zu kalt. Ich möchte nicht schwimmen.

   _____

3. Es ist bewölkt und es regnet. Mein Bruder steht nicht auf.

   _____

4. Die Sonne scheint. Wir können eine Wanderung machen.

   _____

5. Es hat geschneit. Ich möchte einen Schneemann bauen.

   _____

b **Dreh die Aussage aus 10a um. Achte auf die Verbposition.**

> 1. Ich habe gute Laune, wenn …

c **Ergänze die Sätze.**

1. Wenn ich _____,_____

   (ich – Ferien – haben / wollen – fahren – ans Meer)

2. Wenn _____,_____

   (regnen – stärker – es / brauchen – einen Schirm – ich)

3. Wenn _____,_____

   (windig – sein / können – wir – surfen – auf dem See)

4. Wenn _____, _____

   (haben – geschneit – es / Rad fahren – gefährlich – sein)

d **Wie gehen die Aussagen weiter? Ergänze die Sätze im Heft.**

1. Wenn ich traurig bin, …
2. Ich war immer glücklich, wenn …
3. Wenn ich wenig Geld habe, …
4. Meine Klasse hat viel Spaß, wenn …
5. Wenn wir einen Test schreiben, …
6. Nachmittags treffe ich Freunde, wenn …

11

Lernen – üben – spielen. Lange Sätze bilden mit *wenn … dann*. Spielt zu zweit. A beginnt einen Satz mit „Wenn …". B ergänzt ein Wort, A ergänzt weiter usw. Welches Paar hat den längsten Satz?

Wenn …   Wenn wir…   Wenn wir am Samstag …   Wenn wir am Samstag eine …

Perfekt

Was passt? Markiere. Notiere dann den Infinitiv.

1. Viele Jahre haben wir zu viel Energie verbraucht / verkauft. _____

2. Früher haben die Menschen mehr Gemüse gedacht / gegessen. _____

3. Hast du die Plastiktüten weggegangen / weggeworfen? _____

Wichtige Wörter

Seite 53

ab|geben *(gibt ab, hat
    abgegeben)* _____

die **Bahn**, -en _____

die Bücher**ei**, -en _____

die **Dusche**, -n _____

der Recyclingh**of**, -höfe _____

die **Reparatur**, -en _____

reparieren _____

tauschen _____

weg|werfen
    *(wirft weg, hat
    weggeworfen)* _____

gem**ei**nsam _____

die Umwelt _____

umweltfreundlich _____

das Verhalten _____

zu F**uß** _____

Seite 54

das **Gericht**, -e *(Mein
    Lieblingsgericht ist
    Pizza.)* _____

das Geflügel _____

manch- *(Manche Men-
    schen mögen keine
    Pizza.)* _____

niemand _____

das Prozent, -e _____

viel- *(Viele Leute mögen
    Fisch.)* _____

die **Butter** _____

ebenfalls _____

sich ern**ä**hren _____

die Ern**ä**hrung _____

der/die **Erwachsene**, -n _____

das Fett, -e _____

frisch _____

die **Gesundheit** _____

die **Meinung**, -en _____

popul**ä**r _____

das **Salz** _____

sch**ü**tzen _____

der Trend, -s _____

vegan _____

der Veganer, - _____

die Veganerin, -nen _____

vegetarisch _____

der Essenspl**an**, -pläne _____

die Di**ä**t, -en _____

Seite 55

außer *(Ich esse nichts
    außer Pizza.)* _____

backen *(backt/bäckt,
    hat gebacken)* _____

das **Lebensmittel**, - _____

bio- *(Bio-Lebensmittel)* _____

die **Bohne**, -n _____

braten *(brät, hat
    gebraten)* _____

der Braten, - _____

der Burger, - _____

das Chili, -s _____

extra _____

die Gurke, -n _____

das **Hähnchen**, - _____

der **Herd**, -e _____

interessiert _____

kochen _____

nämlich _____

die **Pommes frites** / die
    Pommes _____

praktisch _____

das **Rezept**, -e _____

schädlich _____

scharf *(schärfer, am
    schärfsten)* _____

die Schwäche, -n _____

selbstgekocht _____

die **Tomate**, -n _____

der **Topf**, Töpfe _____

voll *(Wir kochen einen
    großen Topf voll Chili.)* _____

die **Zitrone**, -n _____

Seite 56

bearbeiten _____

die Energie, -n _____

das Plastik _____

sparen *(Jeder kann Energie sparen.)* _____

die Biene, -n _____

die Katastrophe, -n _____

das Klima _____

das **Licht** _____

das **Meer**, -e _____

die **Pflanze**, -n _____

retten _____

der Roboter, - _____

teilen _____

die Zukunft *(In Zukunft trenne ich meinen Müll.)* _____

ändern _____

gegen *(Was kann man gegen den Müll tun?)* _____

recyceln _____

der Strom _____

entwerfen *(entwirf, hat entworfen)* _____

Seite 57

pflanzen _____

das Huhn, Hühner _____

das **Rind**, -er _____

das **Schwein**, -e _____

tun *(Jeder kann etwas für die Umwelt tun.)* _____

der **Fernseher**, - _____

laufen *(läuft, ist gelaufen) (Der Fernseher läuft den ganzen Tag.)* _____

beißen _____

deutlich _____

verbrauchen _____

verwenden _____

wenig _____

Seite 58

der **Eimer**, - _____

folgen *(folgt, ist gefolgt)* _____

lachen *(Die Sonne lacht.)* _____

schütten *(Es schüttet wie aus Eimern.)* _____

der Sonnenschein

der Spruch, Sprüche _____

bewölkt _____

die **Wolke**, -n _____

der **Blitz**, -e _____

blitzen _____

der Donner _____

donnern _____

das **Gewitter**, - _____

minus *(Es sind minus 10 Grad.)* _____

nass _____

neblig _____

scheinen *(Die Sonne scheint.)* _____

der **Schnee** _____

schneien _____

sonnig _____

trocken _____

der **Wind**, -e _____

windig _____

der Wetterbericht, -e _____

Seite 59

der **Schirm**, -e _____

der Schneemann, -männer _____

dunkel *(dunkler, am dunkelsten)* _____

Was kann ich?

1 | **Ich kann eine Grafik beschreiben.** | **Essgewohnheiten der Österreicher** | ☺ ☺ ☹
→ KB/ÜB A2

> Viele Österreicher essen jeden Tag …

Fast täglicher Verzehr tierischer Produkte inklusive Fleisch — **62 %**
… mindestens einmal pro Woche — **29 %**
… selten — **7 %**
Vegetarier (kein Fleisch/Fisch aber Milchprodukte und Eier) — **2 %**
Rein pflanzliche Ernährung (vegan) — **1 %**

Grafik: © APA, Quelle: APA/GfK *Umfrage, 500 Befragte, Werte gerundet* **APA**

2 | **Ich kann über Ernährung sprechen.** | ☺ ☺ ☹
→ KB/ÜB A3, A4

> Ernährung finde ich …

Ist Ernährung für dich wichtig? Wie ernährst du dich? Kochst du gern? Was schmeckt dir (gar nicht)?

3 | **Ich kann Vorschläge machen.** | ☺ ☺ ☹
→ KB/ÜB A6

Wir _____ (1) am Samstag zusammen kochen.

Ich habe eine _____ (2): Wir kochen Nudeln mit Tomatensoße!

_____ (3) wir zusammen eine Einkaufsliste machen?

4 | **Ich kann das Wetter beschreiben.** | ☺ ☺ ☹
→ KB/ÜB A9

Im Winter ist es hier bei uns …_____

Im Sommer ist das Wetter hier oft …_____

5 | **Ich kann über Bedingungen und Folgen sprechen.** | ☺ ☺ ☹
→ KB/ÜB A10

1. Wenn das Wetter schlecht ist, _____.

2. Wenn die Sonne scheint, _____.

3. _____, freue ich mich.

So lerne und übe ich

6 | **Wenn ich Texte lese, teile ich sie in Abschnitte und überlege beim Lesen für jeden Teil: Was ist das Thema?** | ☐ manchmal ☐ oft ☐ nie

Lies den Text zu Aufgabe 3a im Kursbuch noch einmal. Welcher Satz passt zu welchem Teil 1–3? Ordne zu.

A ____ Es gibt verschiedene Ernährungstrends, zum Beispiel vegan oder vegetarisch essen.
B ____ Jugendliche interessieren sich für das Thema Ernährung.
C ____ Zum Thema gesunde Ernährung gibt es unterschiedliche Meinungen.

Hören Teil 2

1 a **Sieh die Bilder an und hör den Anfang von einem Gespräch. Was hat Wenke auf dem Schulausflug gemacht? Welches Bild passt? Notiere A oder B unter dem Namen.**

🎧 1.27

A

B

Alle Aktivitäten kommen im Gespräch vor, aber nicht alle sind richtig.

Tipp!

1
Wenke

Strategie

Sieh die Bilder genau an. Was machen die Personen?
Überlege: Wie heißen die Aktivitäten auf Deutsch?

b **Jetzt wie in der Prüfung:**

🎧 1.28

Sieh dir die Bilder an. Du hast 30 Sekunden Zeit. In der Prüfung ist der Anfang vom Gespräch das Beispiel. Dann geht das Gespräch weiter. Es bleiben drei Bilder übrig.

Du hörst ein Gespräch. Du hörst den Text einmal.
Was haben Hannahs und Maltes Freunde am Samstag gemacht?
Wähle für die Aufgaben 1 bis 5 ein passendes Bild aus a bis i.
Wähle jeden Buchstaben nur einmal. Sieh dir jetzt die Bilder an.

Tipp!

	0	1	2	3	4	5
Person	Hannah	Paul	Nick	Vanessa	Daniel	Jette
Lösung	d					

Lesen Teil 2

2 | **a** In deiner Schule ist heute Musiktag. Lies die Aufgabe und den Ausschnitt aus dem Programm. Welcher Ort passt? Markiere die richtige Information im Programm und wähle die richtige Lösung a, b oder c.

1. Du interessierst dich für alte Instrumente.
   - a Musikraum
   - b Kunstraum
   - c anderer Ort

> **Achtung:** Schlüsselwörter wie hier das Wort „Instrumente" können mehr als einmal vorkommen. Wichtig ist hier die Information „alte".
>
> Tipp!

Musiktag am Schillergymnasium, 28. Januar

Musikraum

9 Uhr	Ihr spielt noch kein Instrument? Hier könnt ihr verschiedene Instrumente ausprobieren.
11 Uhr	Workshop: Wie schreibt man ein Lied?
15 Uhr	Konzert: Schüler spielen Geige, Klavier, Klarinette, …

Kunstraum

10 Uhr	Wettbewerb: Ein Bild zu einem Lied malen.
13 Uhr	Präsentation: Diese Instrumente hatten die Menschen im Jahr 1800.
15 Uhr	Wir bauen selbst Instrumente.

Cafeteria

9–12 Uhr	Frühstück mit DJ Mario: Er spielt eure Lieblingsmusik.

---

b Jetzt wie in der Prüfung:

Du bist in der Schule beim Umwelttag und liest das Programm.
Lies die Aufgaben 1 bis 5 und den Text. Welcher Ort passt?
Wähle die richtige Lösung a, b oder c.

Beispiel

0 Du möchtest einen Film zum Thema Müll sehen.
   - a Cafeteria
   - ☒ Aula
   - c anderer Ort

1 Du willst wissen: Was kann man in der Schule für Bienen tun?
   - a Aula
   - b Schulgarten
   - c anderer Ort

2 Du verbrauchst zu viel Strom, das möchtest du ändern.
   - a Biologieraum
   - b Schulhof
   - c anderer Ort

3 Du möchtest gern leckeres Gemüse essen.
   - a Cafeteria
   - b Schulgarten
   - c anderer Ort

4 Du willst nicht so viel Plastik benutzen und brauchst gute Ideen.
   - a Schulhof
   - b Aula
   - c anderer Ort

5 Du möchtest neue Pullover haben, aber keine neuen Sachen kaufen.
   - a Biologieraum
   - b Schulhof
   - c anderer Ort

Umwelttag am Schillergymnasium, 31. März

Biologieraum

11 Uhr	Workshop: Wie können wir in der Schule und zu Hause Energie sparen?
13 Uhr	Workshop: Weniger Plastik – wie geht das?
15 Uhr	Workshop: Ideen für Umweltprojekte an unserer Schule für das ganze Jahr
16 Uhr	Workshop: Wie macht man eigene Kosmetik?

Aula

Umweltkino

11 Uhr	„Jeder Tag ist Umwelttag – ein Film der Klasse 10c"
12 Uhr	„Unser Plastik in den Meeren"
14 Uhr	„Eine Welt ohne Müll"
15 Uhr	„Bienen – so wichtig sind sie"

Cafeteria

11–16 Uhr	Verkauf von vegetarischen und veganen Speisen und Getränken
11–13 Uhr	Kochkurs: Vegan selbst kochen
15 Uhr	Präsentation: Wie leben Schweine, Rinder, Hühner?
16 Uhr	Ausstellung: Unser Schulprojekt – Tauschen und Teilen macht Spaß!

Schulhof

11–15 Uhr	Ausstellung: Unser Schulprojekt – Kunst aus Müll
11–16 Uhr	Kleidung und Schuhe kaufen, verkaufen oder tauschen
12–15 Uhr	Fahrrad kaputt? – Wir reparieren es!
14–16 Uhr	Nicht mit dem Auto zur Schule: Trainiere Inliner, Skateboard, Roller. Herr Pölke erzählt, was wichtig ist, und zeigt euch coole Tricks.

Schulgarten

11–12 Uhr	Informationen zur Schulgarten-AG
13–14 Uhr	Spaziergang im Schulgarten: Welches Gemüse ist das? Wie pflanzt man das Gemüse und vieles mehr.
14–15 Uhr	Welche Tiere leben im Schulgarten? Die Schulgarten-AG stellt sie vor.
15–16 Uhr	Präsentation: So helfen wir im Schulgarten den Bienen.

Sprechen Teil 3

a   **Eine Verabredung – Lies die Sätze und schreib sie in die Tabelle.**

✦ Das passt mir leider nicht. Da ... ✦ Um ... Uhr? Das geht leider nicht. ✦ Hast du um ... Uhr Zeit? ✦
✦ Einverstanden. ✦ Da habe ich auch Zeit. ✦ Ja, das passt. ✦ Wollen wir am ... zusammen ...? ✦
✦ Gute Idee. ✦ Wir können um ... Uhr zusammen ... ✦ Ich habe um ... Uhr Zeit. Passt das? ✦
✦ Nein, tut mir leid. ✦

einen Vorschlag machen	einen Vorschlag ablehnen	einen Vorschlag annehmen

b   **Jetzt wie in der Prüfung:**

Ihr wollt zusammen für die Klassenfahrt
Essen, Trinken und Zeitschriften einkaufen.
Findet einen Termin.

Tipp!

> Dieser Prüfungsteil dauert 3-4 Minuten. Du und dein Partner/
> deine Partnerin sollt gleich viel sprechen. Du sollst auf seine/
> ihre Vorschläge reagieren. Reagiere nicht nur mit *Ja* oder *Nein*.

A	
Samstag, 24. Mai	
8:00	
9:00	joggen
10:00	Klavier üben
11:00	
12:00	Max abholen
13:00	Essen bei Oma und Opa
14:00	Rasen mähen
15:00	
16:00	Jan und Dana treffen
17:00	
18:00	
19:00	Mathe lernen
20:00	Konzert Namika

	B
	Samstag, 24. Mai
8:00	
9:00	lange schlafen
10:00	mit Ina ins Schwimmbad
11:00	
12:00	
13:00	zu Tante Katja
14:00	
15:00	Physik lernen
16:00	üben für Schulkonzert
17:00	
18:00	
19:00	
20:00	Lieblingsserie ansehen

Strategie

> Nehmt euer Gespräch mit dem Handy auf. Hört es zusammen an. Hat
> jeder gleich viel gesprochen? Habt ihr auf die Vorschläge reagiert? Was
> könnt ihr noch besser machen? Versucht es jetzt noch einmal.